AF249206

SOUVENIRS DE 1814

LE GÉNÉRAL-COMTE

JANUS

DE GERBAIX DE SONNAZ D'HABÈRES

ET LES

VOLONTAIRES SAVOYARDS

PAR

M. LE Mᴵˢ TREDICINI DE SAINT-SÉVERIN

GENÈVE
HENRI TREMBLEY, LIBRAIRE-ÉDITEUR
4, rue Corraterie, 4
1890

SOUVENIRS DE 1814

JANUS DE GERBAIX

COMTE DE SONNAZ D'HABÈRES

MAJOR GÉNÉRAL

1814

SOUVENIRS DE 1814

LE GÉNÉRAL-COMTE

JANUS

DE GERBAIX DE SONNAZ D'HABÈRES

ET LES

VOLONTAIRES SAVOYARDS

PAR

M. LE Mis TREDICINI DE SAINT-SÉVERIN

GENÈVE

HENRI TREMBLEY, LIBRAIRE-ÉDITEUR

4, rue Corraterie, 4

1890

A MM. Joseph, Albert et Janus

DE GERBAIX DE SONNAZ D'HABÈRES

Dans la page de notre Histoire que j'ai essayé de retracer ici, et dont trois quarts de siècle, bientôt, nous séparent, votre famille a donné à ses princes tant de preuves de dévouement, elle a montré à notre pays un si généreux attachement, qu'il eût été regrettable de ne pas la sortir de l'oubli.

Votre grand-père le général Janus, son frère Hyppolyte, vos oncles, ont pris une part courageuse et active aux évènements de 1814 ; l'on peut bien dire qu'ils ont joué leur tête pour la restauration de la monarchie en Savoie.

Rappeler leurs services et ceux de leurs nombreux collaborateurs, tout en évitant la moindre allusion aux évènements plus récents, qui ont si profondément modifié les destinées du pays, voilà la tâche que je me suis proposée.

Il m'a été doux de sentir encore les battements du cœur de ce vieux pays de Savoie, dont la fidélité a été si vivace huit siècles durant et de rendre à cette dernière un hommage mérité.

Votre cousin,

Mis TRÉDICINI DE SAINT-SÉVERIN.

Douvaine, le 1er juillet 1890.

SOUVENIRS DE 1814

INTRODUCTION

Les évènements de 1813, 1814 et 1815, forment pour ainsi dire les trois dernières pages de la révolution française.

La France s'étant installée en Savoie avec la Révolution en 1792, celle-ci eut aussi sa part dans ces évènements. Pour établir la situation particulière de cette province, il est difficile de ne pas mentionner ce que cette révolution avait été pour elle, ne fut-ce que pour l'enchaînement des faits.

Sans le concours de l'étranger, la Savoie eut échappé à la révolution; à part quelques rares mécontents comme l'on en rencontre sous tous les régimes, elle était très attachée à ses princes et durant la domination révolutionnaire, elle donna souvent la mesure de sa fidèlité.

Elle subit par la contrainte l'application des principes nouveaux tendant à faire table rase de toutes les anciennes institutions du pays.

Sous prétexte d'une rénovation nécessaire, tout fut détruit; tout ce que de longs siècles avaient accumulé de fondations pour l'instruction du peuple, les œuvres de bienfaisance, fut confisqué; les églises furent fermées et les croyances persécutées.

Il fallait adopter les doctrines nouvelles ou être mis hors la loi et poursuivi avec une fureur et une barbarie dont les tyrans seuls savent s'armer.

Ceux qui tenaient à l'armée furent traités avec une particulière sévèrité.

Les régiments du roi avaient été refoulés vers les Alpes, leur petit nombre ayant été impuissant à résister à une attaque soudaine et sans déclaration de guerre. On avait mis tant de précaution à éviter, même un semblant de provocation, que l'on avait négligé les moyens de défense.

Les partisans du nouveau régime, dont les passions étaient exaltées au point d'oublier toute idée de justice, inspirèrent au gouvernement un odieux décret. Dans un délai fort court, on voulut obliger les militaires savoyards au service du roi à rentrer dans leurs foyers, sous peine de voir leurs biens séquestrés. L'alternative était implacable : ou la trahison, ou la misère.

Il faut le dire à la gloire de la vieille fidèlité savoyarde, officiers et soldats préférèrent la misère à la trahison et au déshonneur; mais ils laissaient aux mains de leurs impitoyables adversaires, tout ce qu'ils avaient de plus cher : enfants, parents et amis.

La situation de ceux-ci devint bientôt intolérable, grâce aux persécutions incessantes dont ils furent l'objet; les visites domiciliaires et les accusations d'incivisme, de pacte, agissements avec l'ennemi, se terminaient comme dernières étapes réservées à ces victimes d'évènements dont il était difficile de les rendre responsables, par la prison, la fusillade et la menace de l'échafaud.

Ce fut ainsi que débuta en Savoie l'application des grands principes dont les monuments publics étalaient avec profusion le mensonge impudent.

La liberté sombrait entre les mains de jacobins sanguinaires et la fraternité s'inaugurait en portant chez les peuples voisins les horreurs de la guerre et leur jetait un odieux défi. Époque lugubre, pour laquelle il est difficile de ne pas être sévère et où le sang humain n'inspirait plus d'horreur!

Certains esprits s'extasient encore aujourd'hui au souvenir des explosions de patriotisme et de bravoure dont la France donna l'exemple en face de la première invasion.

Il semble même aux amants passionnés de l'époque, que leurs aînés, dans le parti, aient eu seuls le privilège de l'héroïsme.

L'histoire a fait heureusement justice de la légende des volontaires et des gardes nationales qui se ruaient aux frontières. Le témoignage irrécusable de leurs chefs est là pour glorifier surtout leur indiscipline et leur insoumission.

Il est bon pour être juste, de ne pas oublier que c'est l'armée de la monarchie qui triompha à Valmy, et que le drapeau seul avait changé.

Même en Vendée, l'armée de la révolution essuya plus de revers qu'elle ne gagna de batailles. La victoire ne fut décidément fidèle qu'à dater de Bonaparte.

La France, qui aujourd'hui encore paraît si impropre à jouir de la liberté, tant elle apporte d'exagération à toute chose, ne sortit de cette lutte fratricide que pour se donner un maître dont le génie n'eut pas d'égal, mais ce ne fut que pour entrer dans une nouvelle période de guerres incessantes, entreprises souvent sans motifs plausibles. Il avait pour seconder les vues de son orgueil trouvé un peuple toujours prêt à s'immoler pour la gloire. Napoléon fit ainsi subir tant d'humiliations à l'Europe qu'il devait en préparer la coalition.

Ce fut à l'époque de la révolution, qu'en Savoie, un certain nombre de jeunes gens de valeur inaugurèrent une carrrière militaire, qui se termina fort glorieuse pour beaucoup d'entre eux. Il est impossible cependant d'oublier qu'en 1792, ils ont rallié les bataillons révolutionnaires pour envahir leur pays natal et apporter à leurs compatriotes le règne de la terreur.

L'on comprendra nos sympathies pour les militaires savoyards restés fidèles au roi. Quoique vaincus, l'honneur qu'ils ont recueilli est d'autant plus grand, que les sacrifices qu'ils se sont imposés ont été considérables et qu'ils ont par là entraîné la ruine de leurs familles condamnées pendant de longues années à l'exil et à la misère.

On s'expliquera ainsi facilement après cet exposé succinct de la situation faite à la Savoie par la révolution, combien à la chute de l'empire prévue dès 1813, les éléments favorables à une restauration devaient être nombreux.

Le bataillon des volontaires savoyards prit naissance au commencement de 1814. Nous allons essayer d'en retracer l'histoire grâce aux documents dont nous avons pu disposer, et rappeler la belle conduite militaire et le dévouement du vénérable vieillard qui en fut l'organisateur.

Parmi les militaires de l'époque, le général de Sonnaz, dont toute la vie fut consacrée au service du roi et de son pays, est une des plus belles figures que l'on puisse voir. Vie irréprochable dans sa fidélité à Dieu d'abord, et au prince qui personnifiait la patrie.

La devise de sa patrie : *Religio, patria* fut pour lui un guide sûr, durant les quarante-cinq ans de service que fournit sa carrière.

Ces exemples encore aujourd'hui sont bons à citer à la jeunesse; un pays qui a produit de semblables actes de patriotisme a toujours le droit d'en être fier.

CHAPITRE PREMIER

Fin de l'empire. — Les alliés arrivent en Suisse puis en Savoie.

Napoléon venait de ramener l'armée française après Leipsig dans l'état le plus déplorable ; c'était presque une seconde retraite de Russie, avec cette différence qu'au lieu de se retirer sur l'Allemagne exaspérée, l'empereur se retirait sur la France à bout de forces et de ressources.

La France était menacée du côté de l'Espagne par les Anglo-Espagnols, les Portugais et les Siciliens ; cette frontière lui immobilisait 70,000 hommes ;

Le prince Eugène attendait en vain les secours de Murat pour s'opposer aux Autrichiens qui se présentaient en forces aux débouchés de la Carinthie.

Du côté de l'Allemagne, trois armées, celle des Russes, celle des Prussiens et une armée autrichienne, sous les ordres du prince de Schwartzemberg, avaient pour objectif d'obliger Napoléon d'attaquer ou de voir Paris envahi et par ce fait d'obtenir un changement de dynastie.

L'armée qui restait à l'empereur, n'avait pas d'égale au point de vue du commandement surtout ; soldats et officiers étaient les premiers du monde, mais la disproportion était telle, qu'à chaque bataille, les pertes la réduisaient à un chiffre dérisoire.

L'on fit des propositions de paix à Napoléon, en lui laissant encore une France fort belle : son orgueil ne sut pas l'accepter.

Les alliés franchirent alors le Rhin à Bâle le 20 décembre 1813, traversant la Suisse dont un fort parti demandait sa délivrance.

Cette marche fut choisie, parce qu'elle prenait la France à revers et par une frontière où il n'existait pas de places fortes importantes.

L'empereur de Russie s'opposa tout d'abord à ce que l'on toucha à la Suisse, mais les Anglais firent pencher la balance du côté de son occupation, ce qui procura à la Savoie le passage des alliés.

La Savoie, française depuis 22 ans, ne pouvait éviter de fournir des partisans à l'empire, ne fut-ce que dans les anciens militaires et les fonctionnaires. Presque tous avaient passé par les diverses phases du gouvernement, qui s'y étaient succédées depuis l'invasion de 1792 et quelques-uns avaient trouvé dans leurs fonctions fortement rétribuées, le prix de leur révolte contre l'ancien ordre de choses.

La masse était pourtant mécontente, l'application des grands principes de la révolution s'était traduite pour elle à servir de marche-pied à une aristocratie nouvelle et par une augmentation de charges écrasantes de toute nature, surtout par la conscription qui dépeuplait les campagnes.

On parle encore dans le pays des remplaçants payés jusqu'à trois fois à des chiffres grossissants.

M. André Folliet, dans la vie du général Dessaix, son oncle, avoue qu'à l'appel de la levée en masse, la voiture du général fut mise en pièces par les appelés et il fallut que l'exaspération fut à son comble, pour que des populations douces comme celles du Chablais, manifestassent ainsi leur mécontentement, à l'égard d'un homme qui passait pour être aimé.

Pour le plus grand nombre, les alliés étaient des libérateurs, et le mot invasion, effrayant pour les Français des anciennes limites, n'avait pas la même signification pour les habitants de la Savoie, pays conquis par la révolution.

Les peuples étaient las de la guerre, la vision de la paix avait sur eux un pouvoir magique.

J'ai recueilli de témoins oculaires, que la restauration fut, même en France, acclamée avec des transports de joie; c'était l'ivresse du bonheur, on s'embrassait dans la rue.

Le prince de Swartzemberg fit précéder les troupes de la coalition de la proclamation suivante, publiée à Francfort le 1ᵉʳ décembre 1813 :

FRANÇAIS,

La victoire a conduit les armées alliées sur votre frontière; elles vont la franchir. Nous ne faisons pas la guerre à la France; mais nous repoussons loin de nous le joug que votre gouvernement voulait imposer à nos pays qui ont les mêmes droits à l'indépendance et au bonheur que le vôtre.

Magistrats, propriétaires, cultivateurs, restez chez vous; le maintien de l'ordre public, le respect pour les propriétés particulières, la discipline la plus sévère marqueront le passage des armées alliées. Elles ne sont animées de nul esprit de vengeance; elles ne veulent point rendre les maux sans nombre dont la France depuis vingt ans a accablé ses voisins et les contrées les plus éloignées. D'autres principes, d'autres vues que celles qui ont conduit vos armées chez nous, président aux conseils des monarques alliés. Leur gloire sera d'avoir amené la fin la plus prompte des malheurs de l'Europe. La seule conquête qu'ils envient est celle de la paix pour la France, et pour l'Europe entière un véritable repos. Nous espérions le trouver avant de toucher au territoire français; nous allons l'y chercher.

Prince de SCHWARTZEMBERG.

On voit avec quel soin les coalisés entrant en France, mettaient à bien définir le but de l'invasion, à rassurer les esprits et à bien établir que la guerre était faite au despote dont le règne avait été si dur pour ses ennemis et même pour les Français.

Lever le drapeau de la révolte en face d'un maître qui avait fait trembler le monde demandait un certain courage. Le général de Sonnaz n'hésita pas et il n'écouta que la voix du devoir qui lui disait que son nom à lui seul grouperait autour de lui tous ses anciens frères d'armes, tous les réfractaires de la levée en masse, afin de rendre à la Savoie son nom et au roi son berceau.

Si les alliés eussent été vaincus, le général de Sonnaz et les siens n'avaient plus en perspective que la misère avec la proscription, ou la mort, s'il fut tombé aux mains des ennemis; rien ne l'arrêta!

L'on peut dire avec raison que dans cette circonstance critique, les de Sonnaz ont bien joué leur tête pour la monarchie.

Avant de montrer la part considérable qu'ils ont prise aux évènements de 1814, il est peut-être utile de rappeler leurs états de service antérieurs d'abord et postérieurs ensuite à ces mêmes évènements.

Ces états de service formeront le chapitre II.

CHAPITRE II

Etats de service du général-comte Janus
de Gerbaix de Sonnaz d'Habères.

Extrait de la surintendance des archives piémontaises,
Turin, 28 mai 1889.

Né à Thonon, le 3 septembre 1736,
Fils de Claude Jean-Baptiste et de Madeleine de Conzier

Alfier au régiment des gardes.	15 novembre	1755
Alfier au régiment des Grenadiers.	20 janvier	1763
Alfier au dit régiment à la Compagnie *Colonnelle.*	25 juin	1763
Lieutenant au dit.	24 janvier	1765
Lieutenant au dit des Grenadiers.	26 mars	1774
Capitaine au dit avec la paie de lieutenant des grenadiers.	18 avril	1773
Capitaine effectif au dit.	11 mars	1774
Major commandant à la légion des campements.	2 mai	1781
Major de brigade au dit avec le grade de lieutenant-colonel d'infanterie.	10 juin	1786
Colonel du régiment de Savoie.	8 mars	1792
Colonel avec le grade de major-général d'infanterie d'armée.	15 mars	1794
Gouverneur de la ville et province d'Yvrée	5 décembre	1798
Gouverneur de la ville et province d'Alexandrie.	décembre	1798
Ses fonctions cessent avec l'abdication du roi Victor-Amédée III.	8 décembre	1798
Réclamé pour les mêmes [fonctions par lettre du ministre de la guerre.	5 juin	1799
Se retira définitivement au retour de la domination française.	juin	1800

Campagnes de guerre en les années 1792-93-94-95-96.

NOTE HISTORIQUE

Le général Janus naissait à Thonon, le 3 septembre 1736 de Claude Jean-Baptiste et de Madeleine de Conzié.

A l'âge de 13 ans, il était nommé page de S. A. R. la duchesse de Savoie; six ans après, il était nommé Alfier (1), au régiment des gardes. Il parcourut les divers grades de l'armée avec la lenteur d'une époque de paix de longue durée, car elle ne fut point troublée de 1755 à 1792.

Un fait démontre qu'à l'occasion, M. de Sonnaz savait montrer toute la grandeur d'âme et la générosité de son caractère. Un soldat du régiment des gardes en garnison à Coni avait déserté; nous en ignorons les motifs, mais ils étaient légers puisque M. de Sonnaz s'intéressa vivement à son sort. Les lois de l'époque étaient sévères, car quoiqu'en temps de paix, ce malheureux jeune homme après avoir été jugé par un conseil de guerre, fut condamné à mort. Le temps entre la sentence et l'exécution était fort court, M. de Sonnaz monta à cheval et parcourut la distance de Coni à Turin à franc étrier. Sa situation d'ancien page et d'écuyer, lui donnait les entrées au palais, il arriva jusqu'au roi et il obtint la grâce du jeune soldat qu'il rapporta de la même façon, assez à temps pour le sauver. Tout cela fut fait en 48 heures de sursis que M. de Sonnaz avait pu obtenir de son chef. Il était temps, car la grâce fut remise au condamné devant le peloton d'exécution. Ceci démontre, de quels sentiments d'humanité, M. de Sonnaz était doué.

La première époque un peu en relief de sa carrière, fut celle où il fut nommé major à la légion des campements.

Cette légion était un corps d'élite qui tenait du génie et de l'état-major.

On voit encore dans l'ancien hôtel du général à Thonon plusieurs dessins représentant des plans de fortifications et des cartes de manœuvres, qui s'exécutaient sur le terrain qui y était consacré aux environs de Turin.

---

(1) Synonyme d'enseigne.

Il était encore à cette légion, lorsque s'ouvrit la campagne de 1792, mais avec le grade de lieutenant-colonel effectif.

Il avait épousé le 14 octobre 1773, Mademoiselle Louise-Marie-Julie de Lombard la Balme de Montchalin, fille de Messire Amédée, seigneur de Montchalin et Courtenay, chevalier de l'ordre royal de Saint Louis, capitaine de grenadiers au régiment de Rouergue et de Mademoiselle Marie-Antoinette de Conzié.

Louise-Marie-Julie mourut sans postérité en 1776.

Le 2 août 1779, le capitaine Janus épousa en secondes noces, Marie-Antoinette *Christine* de Maréchal de Somont, fille de Messire Jacques de Maréchal, comte de Somont, gentilhomme de la chambre du roi et d'Anne-Joséphine de Saint-Séverin, dame de Murs et de la Barre. De ce second mariage naquirent sept enfants dont, 5 survécurent : (Joseph, Hyppolite, Hector, Alphonse et Ferdinand, dont nous donnons une notice ci-après).

Le 8 mars 1792, le comte Janus de Sonnaz fut nommé colonel-commandant le régiment de Savoie infanterie.

Le comte Janus avait alors 56 ans, il était plein de vigueur et de santé et son expérience, ses talents militaires, avaient inspiré au roi une confiance qu'il ne devait jamais démentir.

Au moment de l'invasion française en 1792, il n'y avait qu'un seul bataillon de Savoie infanterie en Savoie, le gros du régiment était en Piémont. En avril 1793, le comte Janus était nommé général de brigade et il fut chargé de la défense de la vallée du Pô et de la garde des *baracons de l'argentera*; c'est ainsi que l'on nommait un poste d'avant-garde situé dans les Alpes; il passa tout l'été sous la tente au *piano del re*, au-dessus du village de Crissolo, au pied du mont Viso, où le Pô prend sa source. Il avait sous ses ordres des détachements du régiment de Savoie et quelques compagnies de milice des vallées du Piémont. Son énergie préserva le territoire confié à sa défense.

Le 15 mai 1794, le brigadier de Sonnaz était nommé major-général dans les armées du roi, en gardant le commandement du régiment de Savoie. Il fit avec ce grade les deux campagnes de 1794 et de 1795 dans la vallée de Maira.

Dans un rapport à S. M. le roi Victor-Amédée III, le général comte de Sonnaz, rend compte de toutes les dispositions qu'il a prises pour assurer la défense de la vallée de Maira durant la campagne de 1795. Il avait sous ses ordres le régiment de Savoie et quelques compagnies de milice.

Il distribua ses forces peu nombreuses de la manière la plus avantageuse, soit pour se relier avec les troupes qui défendaient la haute vallée de la Vraita à sa droite; et celles qui occupaient la tête de la Stura à sa gauche.

Durant cette campagne, les troupes françaises opposées à celles que commandait le général de Sonnaz et qui occupaient la vallée de Barcelonnette, formaient un effectif d'environ 6000 hommes.

Le général de Sonnaz fit couvrir son front par 16 redoutes et quelques batteries afin d'augmenter la résistance de ses postes; il fit établir des chemins pour faciliter les communications.

Il fit construire des abris en planches pour le bien-être de ses troupes et grâce à sa prévoyance, les subsistances furent constamment assurées, malgré les difficultés de circulation que faisait naître la rigueur du climat, dans cette région élevée de la chaîne des Alpes.

Le général de Sonnaz termine son rapport dans les termes suivants, où les soldats savoyards recueillent un magnifique éloge de leurs vertus militaires.

Sire,

« Je ne saurais assez rendre témoignage à Votre Majesté, du zéle et de la fermeté avec laquelle mes officiers et mes soldats ont supporté le *mal être* continuel et inévitable des positions que nous occupions; à la même heure, nous ressentions toutes les rigueurs de l'hiver et de l'été. Personne ne s'est jamais permis, non-seulement des plaintes, mais pas même un murmure.

Je supplie Votre Majesté de vouloir bien dans l'occasion, se rappeler les preuves d'attachement à son service que lui ont donné dans cette campagne son régiment de Savoie, les milices et les habitants de la vallée de la Maira. »

En Avril 1796, le général Janus fut rappelé de Saluces pour prendre le commandement de la première division de l'armée piémontaise à Fossano. On voulait tenter un dernier effort, pour arrêter Bonaparte qui venait d'être vainqueur à Millesimo et Mondovi.

Les Austro-Sardes, furent forcés encore une fois de plier sur toute la ligne, ce qui amena la suspension d'armes de Chèrasco.

En 1796, ensuite du traité signé avec le Directoire, l'armée sarde fut licenciée et réduite à 10 régiments. Le roi Victor Amédée III, tint essentiellement à conserver son régiment de Savoie qui avait eu en toutes occasions une si belle conduite militaire. Puis, c'était encore une protestation contre l'occupation de cette province par les armées de la république. Le général Janus en reprit le commandement ayant M. de Loche sous ses ordres.

Il exerça ce commandement pendant les douloureuses années de 1796, 1797, 1798 où la situation du royaume était presque désespérée par suite de l'alliance avec la France, qui mettait le Piémont à sa merci de fait et par le travail révolutionnaire auquel elle se livrait. En 1798 et 99, il était gouverneur de la ville et province d'Alexandrie la place la plus importante de la monarchie sarde. En 1800, lors du licenciement général de l'armée, il se retira au château d'Arenthon, où vinrent le chercher les évènements de 1814.

Etats de service du chevalier Joseph-Hyppolite de Gerbaix de Sonnaz d'Habères.

1ᵉʳ mai 1766	Cornette au régiment des dragons du roi.
31 mars 1769	Cornette à la Colonelle au dit.
15 décembre 1769	Lieutenant au dit.
7 avril 1770	Maréchal des logis des gardes du corps avec le grade et l'ancienneté de capitaine aux dragons du roi.
26 novembre 1776	Capitaine-lieutenant au dit.
4 novembre 1777	Capitaine au dit.
4 septembre 1778	Décoré du titre de major de cavalerie.
8 novembre 1789	Cornette aux gardes du corps avec le grade de lieutenant-colonel.
8 octobre 1795	Lieutenant-colonel avec l'ancienneté de colonel aux dragons du roi.

5 décembre 1798	Colonel de cavalerie.
5 janvier 1815	Major-général de cavalerie et capitaine des gardes du corps.
1er août 1820	Lieutenant-général d'armée, continuant le commandement de la compagnie des gardes du corps.
23 octobre 1821	Nommé chevalier de l'ordre de l'Annonciade.
22 avril 1827	Mort à Turin.

Le général Joseph-Hyppolite était né au château d'Habères en 1746, il était entré au service à l'âge de 14 ans en qualité de cadet.

En 1800, il rentra en Savoie, succéda à son frère en 1814 dans le recrutement des volontaires et présida à l'organisation des *volontaires savoyards*.

En 1815, il fut chargé de la formation et de la réorganisation de la compagnie des gardes du corps.

En 1821, par son autorité et son dévouement, il maintint dans le devoir, le corps qu'il commandait, le rangea sous les ordres du maréchal de la Tour, demandant à combattre les insurgés partout où il pourrait être utile. En récompense de ses services le roi Charles-Félix lui donna le collier de l'ordre de l'Annonciade et le nomma lieutenant-général de cavalerie.

Les fils du général Janus sont :

1° M. JOSEPH DE SONNAZ

Né le 6 août 1780, sous-lieutenant au régiment de Savoie en 1796, il fit successivement les campagnes de 1796, 1798, 1799, 1800. Il prit part aux batailles de Saint-Michel et de Mondovi.

Chargé par son père de nombreuses missions auprès des généraux commandant les troupes alliées, auprès des souverains eux-mêmes, il s'acquitta de toutes ces missions avec le tact, l'intelligence et la modestie que tous se plurent à reconnaître !

Ce fut lui qui, après le traité du 20 mai 1814, fut chargé de conduire à Turin,, les volontaires savoyards qui formèrent le noyau du régiment d'abord, et ensuite de la brigade de Savoie, au moment de sa reconstitution.

Major en 1816, lieutenant-colonel, puis colonel en 1823, chef d'état-major de la division de Savoie en 1827, il fut nommé par le roi Charles-Félix, vice-gouverneur des princes Victor et Ferdinand de Savoie Carignan, le 1ᵉʳ mai 1830. (Victor-Emmanuel, roi d'Italie et Ferdinand, duc de Gênes). Major-général d'armée, le 23 août 1831, puis lieutenant-général en 1838, une maladie grave, l'obligea à quitter l'armée et la Cour et il se retira à Thonon, où nous l'avons vu, se dévouant aux intérêts du pays et aux œuvres de charité. Il y mourut le 15 décembre 1861.

2° M. Hyppolite de Sonnaz

Né au château d'Habères, le 31 août 1783.

Par suite des guerres malheureuses de 1792, 1793, 1794, 1795 et 1796, de l'occupation de la Savoie et du Piémont par les troupes françaises, beaucoup de Savoyards prirent du service chez les puissances alliées, après le licenciement d'une grande partie de l'armée sarde.

De ce nombre fut M. Hyppolite de Sonnaz qui, à peine âgé de 15 ans, entra au service de l'Autriche comme cadet au régiment des dragons de l'archiduc Jean, en 1798. Il était officier en 1800. Il fit les campagnes de Novi, Genola, Marengo où il eut un cheval tué sous lui. Il prit part à la bataille d'Austerlitz, de Ratisbonne, de Gross-Aspern, de Wagram ; il assista aux sièges d'Alexandrie, de Côni en 1799; en 1814, il figura dans les rangs des volontaires savoyards.

En 1815, nous le voyons capitaine aux chevau-légers de Piémont, major au même régiment en 1821, où de sa propre initiative, il conduisit ses escadrons à Novarre, où se concentraient les troupes fidèles au roi.

Lieutenant-colonel en 1829 aux chevau-légers de Savoie, puis colonel en second des dragons du Genevois.

Général-major à la fin de 1831, il eut le commandement de la brigade d'Aoste et ensuite de celle de la reine.

Lieutenant-général en 1834, général d'armée en 1839, gouverneur des provinces de Novarre et de Nice et général commandant la division militaire de Turin.

Il prit sa retraite en 1852, après 50 ans de service et fut dé-
puté au parlement sarde.

Décoré de l'Ordre de Malte, de Léopold d'Autriche, de la
Légion d'honneur, de la médaille mauritienne et du grand
cordon de l'Ordre des saints Maurice et Lazzare.

Il mourut au château de Chamoux, le 2 août 1871, à l'âge de
88 ans.

Note. — Lorsque Napoléon battit les Autrichiens à Lobau et
à Essling, ceux-ci mirent tout en œuvre pour rompre les ponts
de bateaux qui réunissaient Lobau à Vienne. M. Hyppolite de
Sonnaz fut chargé à cette époque de détacher de la rive tous
les moulins installés sur le Danube, de les lancer incendiés sur
les ouvrages des pontonniers; les ponts furent rompus trois
fois.

En raison des services rendus à la monarchie de Savoie
après la restauration, nous mentionnons :

3° M. HECTOR DE SONNAZ, qui n'a pas fait partie des volontaires savoyards.

Le général Hector de Sonnaz, avait été pris par la conscription en Savoie, sous l'empire.

Pendant que son père, son oncle, ses frères, essayaient de
relever le drapeau de la Maison de Savoie en 1814 et d'insurger
le pays, M. Hector de Sonnaz combattait dans les rangs de
l'armée française, comme lieutenant au 3me régiment des gardes
d'honneur. Dès que l'on apprit à l'armée de Napoléon le mouvement royaliste provoqué par son père, le général Janus, à
Thonon, les autorités de police voulurent le faire arrêter et
mettre sous verrou.

Le général Vincent son chef, qui connaissait la loyauté et la
bravoure de ce jeune officier, s'opposa formellement à son
arrestation, protestant contre cette mesure aussi odieuse qu'in-
justifiable. Il était difficile de le rendre responsable des faits et
gestes de sa famille, dont il était séparé depuis longtemps.

Nous ne nous étendrons pas davantage sur la vie militaire du
général Hector de Sonnaz qui n'a pas pris part aux évènements
de 1814. Les services glorieux qu'il a prêté à la monarchie, pen-

dant la période qui part de 1815 jusqu'à sa mort font partie de notre histoire et le monument qui lui a été élevé à Turin en 1883, son inauguration à laquelle assistèrent le duc d'Aoste, le duc de Gênes et le prince de Carignan, témoignent suffisamment de la grandeur de sa vie militaire.

4° M. Ferdinand de Sonnaz

A titre historique, nous mentionnons également M. Ferdinand de Sonnaz, né à Thonon en 1788, capitaine dans les troupes suisses au service de la France, il fut blessé trois fois pendant la campagne d'Espagne.

Passé de l'armée d'Espagne à la grande armée, il mourut à Vilna d'une blessure reçue à cette bataille, en défendant une batterie.

M. de Ville de Ferrières (Charles) assista à ses derniers moments. Celui-ci fut blessé lui-même quelques jours après, fait prisonnier et interné dans le nord de la Russie.

Atteint d'un coup de sabre sur la face, il nous racontait que, laissé pour mort par ses camarades, on lui avait cependant enroulé la tête dans son foulard.

Un cosaque trouvant le mouchoir à son gré, descendit de cheval, et remplaça le foulard par son propre mouchoir de qualité fort inférieure. Ce vol mitigé par un reste de sentiments d'humanité est assez piquant pour être rapporté.

Nous avons connu M. de Ville portant fièrement sa glorieuse balafre.

5° M. Alphonse de Sonnaz

Il prit part, sous les ordres de son père et de son oncle, au mouvement militaire de la Savoie en 1814 et faisait partie du bataillon des volontaires savoyards.

Il fit la campagne de 1815 et arriva la même année au grade de sous-lieutenant surnuméraire aux grenadiers du régiment de Savoie.

Capitaine en 1817, colonel en 1831, major-général en 1837.

Commandant la province de Nice en 1839 ;

Nommé gouverneur de la province de Sassari (île de Sardaigne), en 1843; puis commandant les forts de Fenestrelle avec le titre honorifique de gouverneur;

Mis à la retraite en 1850, le dix décembre.

Il était décoré de la croix de chevalier des saints Maurice et Lazare.

Il représentait la province de Thonon au parlement sarde à Turin, en 1860, au moment de l'annexion de la Savoie.

CHAPITRE III

La première restauration

Comme nous venons de le voir par l'énumération des états de service des divers membres de la famille de Sonnaz, la maison de Savoie avait en elle des serviteurs dévoués.

Leur devise est *religio, patria,* on la trouve aussi écrite ainsi : Religio patriœ.

Quelque soit la bonne interprétation, les de Sonnaz n'ont jamais failli ni à l'une ni à l'autre.

Dès les temps les plus reculés, les de Sonnaz tiennent une très grande place dans l'histoire de notre pays;

A toutes les époques, nous les trouvons, l'épée à la main, prodiguant leur sang à son service et donnant des marques constantes de dévouement et de fidèlité au souverain. La page d'histoire qui nous occupe en ce moment, nous les montrera plus que jamais remplis de zèle et d'ardeur, à soutenir les intérêts de leur roi et de leur pays.

C'était en effet une circonstance fort solennelle que celle où il s'agissait de clôre une période de 22 années de révolution et quelle révolution, où la force avait rompu le pacte, cimenté par huit siècles, d'une union inaltérable entre le peuple et la maison de Savoie.

Napoléon était refoulé par les armées alliées vers sa capitale.

Dans cette dernière étape, les peuples voisins de la France entrevoyaient déjà le retour de leur indépendance, la reprise de leurs anciennes lois, plus conformes à leurs mœurs, à leurs sentiments religieux, en un mot, la restauration du gouvernement paternel de leurs anciens rois.

Le 23 décembre 1813, les armées alliées avaient traversé Bâle et franchi le Rhin.

Le 25 à cette nouvelle, les administrations françaises, ayant appris l'arrivée d'un corps autrichien en Valais, avaient quitté la ville de Thonon.

Le maire de la ville, M. Dubouloz, convoqua le conseil municipal et les notables de la ville; on nomma une commission pour pourvoir à l'ordre intérieur et à tous les besoins et principalement à la réception prochaine des troupes alliées.

L'on créa une garde urbaine pour la garde de la ville et M. Joseph de Sonnaz en fut nommé le capitaine.

En cette occurence, le général Janus de Sonnaz ne perdit pas une minute, il entrevit de suite qu'il y avait une occasion à saisir, celle de prendre possession du pays au nom du roi.

Il ne voulut rien entreprendre, pourtant, sans l'assentiment des puissances et dans ce but, il fit immédiatement partir deux de ses fils pour le quartier-général autrichien (MM. Joseph et Hyppolite de Sonnaz).

Ces deux jeunes officiers étaient chargés de voir à Berne, au passage, S. E. le C. Schraut, ministre autrichien, de se munir d'un *pass* et d'une lettre de recommandation pour S. A. le prince de Schwartzemberg, commandant en chef l'armée autrichienne, qui avait établi son quartier-général à Montbéliard.

Ils remirent au prince un mémoire de leur père, dans lequel il exposait ses vues et son plan d'opérations à faire incontinent en Savoie.

Il demandait à remplacer, partout, jusque dans les plus petites communes, l'administration impériale par des commissions provisoires, de nommer dans les chefs-lieux des commissions administratives centrales, puis de faire un appel aux volontaires et aux anciens militaires sardes, d'en former immédiatement un noyau armé qui s'accroîtrait à mesure que les circonstances le permettraient, en un mot, de créer avec son nom et sa notoriété un gouvernement provisoire, qui prendrait de suite possession du pays au nom de S. M. le roi de Sardaigne.

Il exprimait de plus l'avis, qu'il était absolument indispensable d'établir un précédent, profiter du mécontentement considérable et incontestable de la majorité du peuple de Savoie, principalement du peuple des campagnes, pour engager les puissances alliées à restituer la Savoie à ses princes.

Il est impossible de ne pas constater, ici, la justesse de vue du général Janus de Sonnaz.

Aujourd'hui qu'il est permis d'ouvrir les arcanes de la diplomatie de l'époque, on ne peut qu'admirer le courage et la perspicacité de ce vieux serviteur du pays, qui avait pour ainsi dire l'intuition des évènements qui allaient se dérouler.

Il y a quelques jours seulement, en parcourant les mémoires de M. de Villèle, l'ancien ministre de la restauration, nous lisions ces mots :

« Il est aujourd'hui incontestable que les alliés envahirent la France, sans autre but que de secouer le joug, auquel ils avaient été si souvent soumis et de se donner des garanties contre l'insatiable ambition de Bonaparte. Les alliés auraient laissé Bonaparte régner sur la France réduite à ses anciennes limites, si, aussi peu éclairé qu'eux, il eut cru pouvoir se maintenir sur le trône dans de telles conditions.

La restauration des Bourbons n'entrait enfin dans l'esprit des cabinets étrangers, que comme une éventualité peu probable, à laquelle ils avaient peu songé. »

Mais ce que tout le monde prévoyait, c'était la difficulté de faire rentrer la France dans ses anciennes limites, la guerre étant faite à l'empereur et non à la France. »

Si la difficulté était considérée comme telle par les diplomates français, à plus forte raison grandissait-elle pour de petits pays comme la Sardaigne exposée à être sacrifiée par les grandes puissances, quand des intérêts plus considérables devaient dominer les petits.

Le général Janus de Sonnaz était donc bien inspiré quand il voulait faire incliner les puissances étrangères devant un fait accompli au bénéfice de son roi, d'accord avec ses peuples.

Le prince de Schwartzemberg entretint longtemps ces jeunes Savoyards dont les accents de patriotisme débordaient sur leurs lèvres. Il les questionna sur les sentiments de leurs compatriotes, sur la situation actuelle du pays, sur les ressources qu'il pouvait offrir aux troupes alliées. Sachant combien les familles du pays étaient ruinées par la révolution, il alla même jusqu'à leur faire des offres pécuniaires que la délicatesse de ces officiers s'empressa de leur faire refuser, n'étant revêtu d'aucun caractère public (1).

Le prince de Schwartzemberg félicita ces jeunes officiers sur leur ardeur à servir leur roi pour lequel l'Autriche avait des sympathies, il leur remit une lettre pour le général Janus, leur père, l'assurant qu'il pouvait compter sur les procédés et les secours les plus énergiques en faveur de la *cause commune*.

S. A. remit en outre à MM. de Sonnaz, une lettre pour le baron Simbschen, (homme de cœur et de tête, selon les propres expressions de S. A.) qui commandait les troupes en Valais, auprès duquel ils se rendirent le 11 janvier 1814. Ce colonel devait seconder immédiatement le plan exposé par M. de Sonnaz et approuvé par le prince de Schwartzemberg. Au moyen de cette mesure, les administrations civiles, dévouées à la cause du roi, devaient aider avec zèle les opérations militaires et les habitants disposés à secouer un joug qui pesait sur eux depuis nombre d'années, feraient tous leurs efforts pour recouvrer la paix.

Le corps d'armée chargé d'occuper la Suisse était commandé par le général Bubna. Ce général marcha rapidement sur Genève avec une division légère de 11,000 hommes environ. Il envoya comme nous l'avons vu ci-dessus et comme avant-garde un petit corps d'observation sur la route du Simplon.

Le colonel Simbschen qui le commandait, agit avec tant de vigueur et une telle promptitude, qu'aidé par quelques paysans valaisans qui s'armèrent pour le suivre, il fit un bataillon français prisonnier au pied de la montagne (14 janvier 1814).

Ensuite des ordres que cet officier reçut du quartier-général et que lui apportèrent MM. Joseph et Hyppolite de Sonnaz, le colonel Simbschen entra sur le territoire savoyard, le 14 janvier, il arriva à Thonon par la vallée d'Abondance et il fit immédiatement afficher la proclamation suivante :

---

(1) Une particularité à noter, c'est que MM. Joseph et Hyppolite de Sonnaz furent introduits auprès du prince de Schwartzemberg par le comte Radetzky, que, nous devions retrouver contre nous en 1848 avec ses 80 ans et sa verdeur militaire à la tête de l'armée autrichienne dans les plaines de la Lombardie.

SAVOYARDS,

Aux armes! aux armes! le moment est venu de secouer le joug que vous a imposé un despote ambitieux.

L'Espagne, l'Allemagne, la Hollande et presque toute l'Europe ont reconquis leur indépendance à laquelle toutes les nations ont droit. Un court mais généreux effort rendra à la Savoie, son roi, son rang parmi les nations, la paix et le bonheur. Il n'est pas de plus grande gloire que de combattre pour sa religion, pour son roi et pour sa patrie.

Vieux guerriers de la Savoie! rangez-vous de nouveau sous les drapeaux de votre monarque chéri; joignez-vous aux troupes alliées qui viennent à votre secours. Militaires savoyards! quelque soit le pays ou les princes que vous avez servi, la patrie vous appelle; venez partager nos périls et notre gloire.

Brave jeunesse qui avez refusé de marcher pour aller dévaster des pays dont les habitants sont devenus vos libérateurs, venez vous joindre à nous, il ne s'agit pas d'aller affronter la faim, la mort et la misère pour satisfaire l'ambition d'un seul homme; vous êtes appelés à servir votre roi, à défendre votre patrie. Habitants de la Savoie, courage! Vive le roi! Vive Savoie.

Thonon, le 14 janvier 1814.

Baron SIMBSCHEN,

colonel-commandant d'un corps de troupes alliées.

Cet appel fut aussitôt entendu. Le général Janus, qui était à Aranthon, vint à Thonon, et après s'être concerté avec le colonel autrichien, il adressa à son tour aux habitants de la Savoie et du Chablais une proclamation, dans laquelle il les pressait de venir se grouper autour du drapeau de la maison de Savoie et autour de sa personne.

Cette proclamation était rédigée dans les meilleurs termes et les plus patriotiques :

La voici :

Au nom de Victor-Emmanuel Ier, roi de Sardaigne, etc.

Braves guerriers de la Savoie,

Votre vieux général vous appelle à servir votre roi, votre patrie et la cause commune de l'Europe. Nous devons écarter tout esprit de parti, toute haine, toute vengeance particulière.

Notre unique but est de servir notre bon roi, de rendre son nom à la patrie et de coopérer de toutes nos forces au rétablissement du repos et de la paix du monde.

Quel est le Savoyard qui serait sourd à la voix de la patrie et de l'honneur, qui ne voudrait pas partager les périls et les lauriers de ses compatriotes et de nos vaillants libérateurs?

J'établis mon quartier-général à Thonon,

le 17 janvier 1814.

Le comte de SONNAZ,

Major-général ès-armées et chevalier de l'Ordre militaire des Saints Maurice et Lazare.

En même temps, il adressait au roi la lettre suivante :

Au Roi

Sire,

Le beau jour vient de luire où vos fidèles sujets de la Savoie, espèrent de nouveau pouvoir consacrer à votre Majesté leurs vies et leurs fortunes.

J'ai l'honneur d'adresser à votre Majesté l'appel que je viens de faire à mes compatriotes, leur dévouement à la personne sacrée de votre Majesté et à leur patrie répondra au bonheur dont la Savoie a joui pendant une longue suite de siècles sous le règne paternel de vos illustres ancêtres.

C'est par l'autorisation des hautes puissances alliées que je fais mes opérations, elles ont promis leur appui.

J'ai l'honneur d'être, Sire, le premier des fidèles sujets savoyards.

de votre Majesté

DE SONNAZ.

Thonon, 17 janvier 1814.

Le général de Sonnaz n'avait pas plus tôt fait connaître son ordre du jour du 17 janvier, que les volontaires se présentèrent en telle quantité, qu'il fut forcé de prendre les dispositions nécessaires pour profiter de ces dévouements enthousiastes. Quelques auteurs du pays ont prétendu que les soldats du général de Sonnaz n'étaient pas populaires, nous trouvons ici la preuve du contraire.

Le 21 janvier, il fit afficher un ordre du jour fort long, plein
de détails, décrétant la formation des quatre anciens régiments
qui recevaient autrefois les contingents de Savoie, c'est-à-dire
Savoie, Chablais, Maurienne et Genevois, plus, un noyau de
cavalerie qui devait servir plus tard à former le régiment de
Savoie-cavalerie.

L'ordre du jour désignait à ces régiments les villes de Savoie
où devaient se former les dépôts et les officiers chargés de
présider à cette formation.

Nous trouvons, avec l'ordre du jour, une lettre adressée à
M. de Bottelier, ancien colonel du régiment de Savoie, auquel
M. de Sonnaz confiait le dépôt de Bonneville, ayant sous ses
ordres M. le capitaine de Ruphy.

A M. le baron de Thoire, il assignait celui de Thonon, celui
d'Evian à M. le baron de Blonay et celui de Carouge à M. le
marquis de Chaumont.

Voici cet ordre du jour :

ORDRE DU JOUR du général JANUS DE SONNAZ,

21 janvier 1814.

C'est avec la plus douce satisfaction que je reçois les rapports
sur le noble enthousiasme qu'ont montré mes compatriotes à
la publication de l'appel aux guerriers de Savoie; je remercie au
nom du roi, mon maître, les autorités locales qui ont secondé
mes opérations, je ferai connaître à S. M. le zèle de ses fidèles
sujets.

Les malheurs que nous avons éprouvés pendant vingt ans,
nous ont fait sentir plus vivement qu'il ne peut exister de
bonheur pour un peuple que sous le gouvernement juste et paternel de son souverain légitime. Rallions-nous donc tous autour
du trône et sous les drapeaux de notre bon roi.

Ne nous rappelons du passé que pour pardonner les maux
qu'on nous a faits. Un profond respect pour notre sainte religion,
un dévouement sans bornes au prince et à la patrie, sont les
seuls sentiments qui doivent trouver place dans nos cœurs !
joignons-y la plus vive reconnaissance pour les sages et puissants alliés qui nous accordent leur appui, et regardons comme

de bons et vrais amis les braves guerriers qui viennent à notre secours, et qui marchent pour délivrer nos frères qui gémissent encore sous un joug étranger.

Savoyards! nos besoins sont grands, mais notre courage l'est plus encore! Dans peu, la paix et le bonheur seront notre récompense.

Dispositions pour seconder et diriger le zèle des braves Savoyards qui demandent à servir le roi et leur patrie.

1º Il sera procédé de suite à la formation des quatre régiments d'infanterie qui portent les noms des provinces de Savoie, Genevois, Maurienne et Chablais.

2º Le régiment de Savoie se formera à la Roche en attendant l'évacuation de Chambéry.

Le régiment de Genevois se formera à Annecy.

Le régiment de Maurienne à Rumilly, en attendant l'évacuation de Chambéry.

Le régiment de Chablais se formera à Thonon.

3º MM. les officiers, de chacun de ces corps, voudront bien se rendre à cette destination.

4º Ceux qui appartiennent à d'autres corps de chaque province, se présenteront à l'officier supérieur chargé du commandement qui leur donnera des instructions.

5º Ceux qui, ayant été au service de puissances étrangères, voudront servir S. M. et leur pays, se présenteront également au même officier supérieur qui les dirigera sur le quartier-général d'où les capitaines, lieutenants et sous-lieutenants pourront être également placés dans les corps selon leur grade. On attendra la décision de S. M. pour les officiers de grade supérieur qui se seront présentés.

6º Un officier supérieur sera envoyé dans la capitale de chaque province pour en prendre le commandement militaire. Il correspondra directement avec le quartier-général et avec MM. les commandants des troupes alliées dans sa province.

7º Un officier sera envoyé dans chaque ville, et de là correspondra avec le commandant de chaque province.

8° Tout volontaire qui s'armera et s'équipera à ses frais, sera maître de choisir le corps dans lequel il voudra servir, et de fixer le terme de son enrôlement.

9° Les habitants des provinces du Chablais, du Faucigny pourront s'enrôler pour les régiments de Savoie ou Chablais.

Ceux des provinces de Genevois et Carouge, pour les régiments de Savoie ou Genevois.

Ceux des provinces de Savoie, Tarentaise et Maurienne pour les régiments de Savoie ou Maurienne.

10° Le terme de l'enrôlement sera celui de la guerre actuelle.

11° Tout Savoyard qui voudra s'enrôler pour servir son roi et défendre sa patrie, devra se présenter à un officier, sous-officier ou soldat au service du roi, qui lui désignera sa destination ultérieure.

12° Dans les communes où il n'y aurait pas d'officiers, sous-officiers ou soldats, les gens de bonne volonté se présenteront aux autorités locales qui les adresseront à l'officier le plus près qui leur donnera des ordres.

13° Le plus ancien officier de chaque régiment sera chargé de sa formation qui s'exécutera d'après les anciennes ordonnances qui existaient en 1792.

14° Un commissaire des guerres, ou officier de la solde, sera affecté à chaque régiment et sera chargé du contrôle.

15° Les volontaires qui voudront se monter et équiper à leurs frais dans les provinces de Savoie, Tarentaise et Maurienne se réuniront à Chambéry, pour former le noyau du régiment de Savoie-cavalerie.

Ceux des provinces de Chablais, Genevois, Faucigny et Carouge se réuniront à Thonon, pour former le noyau du régiment, des dragons du Chablais.

16° MM. les gardes du corps qui voudront rentrer en activité s'adresseront personnellement ou par écrit à M. le chevalier de Sonnaz, colonel de cavalerie et cornette de la compagnie des gentilshommes gardes du corps de S. M. qui leur donnera des instructions.

Une ordonnance particulière réglera la tenue militaire.

Il sera donné des dispositions ultérieures lorsque les circonstances l'exigeront au quartier-général de Thonon le **21** janvier 1814.

Le comte de SONNAZ,

Major-général commandant les troupes de S. M. le roi de Sardaigne,
Chevalier de l'Ordre militaire des Saints Maurice et Lazare.

Tenue uniforme pour l'armée savoyarde :

Chapeau monté uni; avec un galon étroit pour ganse, deux houppes à petites franges, aux couleurs de l'uniforme, cocarde bleue.

Habit frac bleu de roi, croisé sur la poitrine avec collet montant, un seul crochet, parements et doublures retroussés aux couleurs des anciens régiments, ainsi que les boutons.

Régiment de Savoie, parements et collet noirs, doublure rouge, boutons jaunes,

Régiment de Genevois, parements et collet blanc, doublure jaune, boutons blancs.

Régiment de Maurienne, parements et collet rouges, doublure jaune, boutons jaunes.

Régiment de Chablais, parements et collet noirs, doublure jaune, boutons blancs.

Régiment de Savoie-cavalerie, parements et collet noirs, doublure rouge, boutons jaunes.

Régiment de dragons de Chablais, parements et collets noirs, doublure jaune, boutons blancs.

Pantalon et gilet blancs pour l'infanterie et chamois pour la cavalerie, cravate noire, liseré blanc.

Bottes à la Souwaroff pour les officiers.

Guêtres noires à quatre doigts au-dessous du genou pour les volontaires et soldats d'infanterie.

Les épées autant que possible à l'ancien uniforme et MM. les volontaires le sabre.

Une dragonne en or avec un double zig-zag bleu pour MM. les officiers supérieurs.

Une avec un lizeré bleu au milieu pour les capitaines.

Une avec deux lizerés bleus au bord pour les officiers subalternes.

Une avec une tresse plate bleue, avec la houppe en or, pour les maréchaux des logis.

Une avec une tresse plate bleue, avec houppe en or entremêlée de bleu, pour les volontaires.

Une avec une tresse en soie bleue, avec houppe en soie jaune entremêlée de bleu, pour les sergents et brigadiers.

Une tresse bleue avec franges en laine jaune pour les caporaux.

Quant aux galons distinctifs, épaulettes, écharpes, on attendra une nouvelle détermination.

MM. les officiers qui ont conservé leurs anciens uniformes voudront bien les porter.

MM. les officiers auront un carrick ou capote et un pantalon de fatigue gris foncé ou bleu sans garniture, le même agrément est accordé aux volontaires qui s'équipent à leurs frais.

Les aides-de-camp porteront un plumet bleu.

Au quartier-général de Thonon,

le 21 janvier 1814

Le comte de Sonnaz.
Major-général, etc.

CHAPITRE IV

**Les Autrichiens arrivent à Genève. Les officiers sardes
affluent au quartier-général pour offrir leurs services.**

Le 30 décembre 1814, le général Bubna était arrivé à Genève.

Le 30 au soir, M. Vignet, officier de la garde urbaine à Thonon,
avait été dépêché à Genève pour avoir la certitude de l'entrée
du général Bubna dans cette ville.

M. Vignet revint à Thonon dans la nuit, apportant les preuves
de ses yeux, que le général autrichien avait fait son entrée à
Genève le 30 décembre à 3 heures après-midi.

Une députation partit aussitôt de Thonon pour offrir ses
hommages au général, elle était composée de MM. Dubouloz,
maire, Joseph de Sonnaz, Ferdinand d'Antioche et Jérôme Dubouloz.

Tout le personnel administratif et militaire français avait
abandonné précipitamment Genève. Aucuns prétendent même
que le préfet, M. Capelle, que nous voyons plus tard jouer un
rôle sous la restauration, avait un peu perdu la tête.

Le peu d'hommes formant les dépôts des régiments en résidence dans la ville, prit la route de Rumilly et là quelques jours
plus tard, il essaya d'opposer une faible résistance au corps
autrichien qui se dirigeait sur Chambéry, (1800 hommes en
partie de recrues).

Pendant que tout ceci se passait à Genève, le général Janus
de Sonnaz déployait toute son activité à Thonon pour mettre
son plan à exécution.

Cette activité est même faite pour étonner chez un vieillard
de 77 ans.

Ces privilèges sont rares en effet, ils se présentent néanmoins
quelquefois.

Les tristes victoires remportées sur la France en 1870, n'ont-
elles pas été gagnées, par un ensemble de vieillards voisins de
cet âge!

N'avons-nous pas vu, nous Savoyards, nos ennemis en 1848 et 1849 conduits avec une vigueur admirable par le comte Radetzky avec ses 80 ans. Il fallait dit-on le mettre à cheval, mais une fois qu'il y était, sa tête avait toute la solidité de celle d'un jeune homme. Il n'est donc pas absolument nécessaire comme beaucoup le prétendent d'être jeune pour être un général distingué.

Le général Janus avait heureusement dans son fils, Joseph, un auxiliaire de premier ordre; officier de mérite et instruit, d'un tact et d'un jugement sûrs, il avait toutes les qualités pour seconder son père et suppléer à l'insuffisance de ses forces.

M. le colonel Hyppolite de Sonnaz, frère du général Janus, ainsi qu'une quantité d'anciens officiers de l'armée sarde, vinrent à Genève au quartier-général du général Bubna, pour offrir leurs services et demander à être utilisés de suite.

Le général Janus eut une longue entrevue avec le général autrichien; il y fut décidé que M. de Sonnaz irait le plus vite possible établir son quartier-général à Chambéry, où un corps d'Autrichiens venait d'arriver sous les ordres du général Sechmeister.

M. le comte Bubna promettait d'abandonner à M. de Sonnaz l'administration intérieure du pays et *toutes ses ressources*.

M. de Sonnaz pressait le général Bubna de séparer par un décret les provinces du Chablais et du Faucigny, du département du Léman, que le général allemand faisait administrer par une commission centrale, composée des membres du collège électoral presque tous attachés à la France par principes et par intérêts. Le général autrichien n'osa pas prendre une semblable mesure sans en référer à son ministre.

CHAPITRE V

Arrivée du général Janus à Chambéry. — Envoi de MM. de Launay et Joseph de Sonnaz auprès des empereurs d'Autriche et de Russie. — Leur rapport. — Adresse de la noblesse au roi.

Le 29 janvier, le général Janus de Sonnaz arrivait à Chambéry. Plein de confiance dans les promesses du général Bubna, il avait de plus l'espoir de trouver dans cette partie de la Savoie, la même facilité et le même enthousiasme qu'en Chablais et en Faucigny, dont les habitants avaient répondu avec tant d'entrain à son appel aux armes et où les autorités civiles s'étaient prêtées, avec tant de zèle, à tout ce qu'il avait exigé ; mais il devait rencontrer des mécomptes.

Néanmoins, le général Janus prit ses premières dispositions.

Il envoya au quartier-général des alliés deux officiers avec une mission particulière, l'un était M. le chevalier de Launay (1), l'autre, son fils aîné Joseph de Sonnaz.

Nous donnons ici le rapport que ces messieurs remirent à leur retour, au général Janus, il mettra le lecteur au courant de la nature de cette mission.

Rapport de M. le comte Joseph de Sonnaz et de M. le chevalier de Launay à M. le général de Sonnaz, sur la mission dont il les avait chargé pour le quartier-général des hautes puissances alliées du 6 février 1814

Monsieur le comte,

D'après vos ordres et la mission particulière dont vous avez bien voulu nous honorer, nous sommes partis le 20 de Thonon,

---

(1) M. de Launay devenu plus tard le comte de Launay, fut colonel du régiment de Savoie-cavalerie, puis général, sénateur du royaume ; vice-roi de l'île de Sardaigne ; c'était le père de l'ambassadeur actuellement à Berlin, le doyen de la diplomatie italienne ; son père et lui ont été décorés de l'Ordre suprême de l'Annonciade.

le 21 nous sommes arrivés à Berne, nous avons eu l'honneur d'y voir S. E. M. de Schraut, ambassadeur d'Autriche, il est entré dans toutes nos vues, il a bien voulu nous remettre une lettre pour son Altesse le prince de Metternich et nous appuyer auprès de lui de sa protection.

Le 22, nous avons encore trouvé le prince de Metternich à Bâle, nous ne l'avons vu qu'un instant ; il a lu la dépêche dont vous nous aviez chargé pour lui, et nous a dit : « Messieurs « jusqu'à présent les sentiments de délicatesse qui dirigent la « Cour d'Autriche, nous ont empêché de soutenir le dévouement « des Savoyards et d'aider leur armement dont nous sentons « toute l'importanee pour la cause commune, mais les circons- « tances ont tellement changé et sont devenues si favorables « que la Savoie sera certainement restituée à son roi, suivez- « nous au grand quartier-général et je m'occuperai de vos in- térêts. ».

Nous n'avons pu joindre le quartier-général que le 26. Nous avons de suite porté nos dépêches aux ministres des différentes cours et à son Altesse le prince de Schwartzemberg, tous ont témoigné de la part de leurs souverains, l'intérêt que l'on prend à notre roi et à notre cause, tous nous ont donné l'assurance que la Savoie serait rendue à son prince et qu'on n'oublierait pas nos droits, dans une paix avec Napoléon, à supposer qu'elle fut possible.

Après des assurances aussi positives, nous n'avons plus pensé qu'à demander la faveur de nous jeter aux pieds de leurs Majestés et nous l'avons obtenue de suite. Nous avons eu l'honneur d'être présenté à S. M. l'empereur de Russie le 29, et à S. M. l'empereur d'Autriche le 1er février, nous leur avons exprimé les vœux de notre nation, pour son roi et son ancien gouvernement, nous avons pris la liberté de leur parler du patriotisme des Savoyards, de leur dévouement à leur prince et de la disposition où nous étions tous de mourir pour défendre et soutenir nos droits. Ils connaissaient déjà, M. le comte, l'appel que vous avez fait à vos compatriotes.

Les deux monarques nous ont reçu avec la plus grande bonté et les paroles qu'ils ont bien voulu nous adresser sont tellement gravées dans nos cœurs, que nous avons la satisfaction de pouvoir vous les rappeler mots pour mots.

L'empereur Alexandre nous a dit : Messieurs, je suis très « sensible à la confiance de votre nation, je l'ai toujours beau- « coup aimée, je ne me bornerai pas à faire des vœux pour elle, « dès aujourd'hui, je la prends sous ma protection ; le roi de « Sardaigne rentrera dans ses états. J'aurai désiré pouvoir « obtenir et la paix et le bonheur du monde sans verser du sang, « mais des nuages s'élèvent, il faut les dissiper, une bataille « aura lieu dans deux ou trois jours, elle n'est pas douteuse et elle sera décisive, une victoire règlera définitivement vos in- térêts et ceux de toutes les puissances.

Il nous a ensuite entretenu de la Savoie, des moyens de dé- fense qu'elle présente et de l'importance de son armement. Nous nous sommes retirés pénétrés de reconnaissance pour un monarque dont nous conserverons d'éternels souvenirs d'admi- ration,

L'empereur d'Autriche nous a parlé comme un père, il nous a dit : « Il a toujours été dans mes principes de ne pas soulever « les peuples, dans la crainte de les rendre malheureux. Je ne « puis qu'admirer les sentiments qui vous animent, vous et les « bons Savoyards, pour le roi votre souverain ; la Savoie lui sera « rendue, j'en suis persuadé. Pour ne pas m'écarter de cette « loi que je me suis toujours imposée, je ne veux pas vous « appeler aux armes ; mais si vous les prenez pour votre prince « et pour la cause commune, je vous aiderai et je vous fournirai « tous les secours qui vous seront nécessaires. Faites du mal à « Napoléon, c'est mon intérêt, le vôtre et un moyen sûr de « vous assurer des droits à notre reconnaissance.

Il nous a parlé longtemps avec la même bonté, et nous avouons que nous n'avons pu l'entendre sans être attendri jus- qu'aux larmes. Ce grand prince nous a assez persuadé qu'il veut notre bonheur et celui de toute l'Europe, sa présence comme ses paroles nous pénétraient d'un respect religieux, François II est notre protecteur, ses troupes ont occupé notre pays, pour briser nos fers. A la fin de notre audience, il nous ordonna de nous rendre chez le prince de Metternich, qui nous donnerait des ordres.

Ce ne fut que le lendemain après l'heureuse nouvelle d'une bataille complète et décisive, gagnée par les troupes alliées, que nous pûmes voir le prince; en nous apercevant, il nous dit : « Messieurs, on a gagné votre cause hier, désormais votre sort « est assuré. J'écris au général Bubna à qui je donne des ins- « tructions, il vous autorisera en tout, vous aurez l'administration « de la Savoie et le gouvernement ad *interim* qui conviendra « aux Savoyards, sera érigé, par votre général, au nom du roi de « Sardaigne, vous aurez la satisfaction d'emporter au général « Bubna, les heureuses nouvelles qui viennent d'arriver. »

Avec toute la diligence possible, nous avons pu nous rendre à Genève le 5, soit hier, nous avons remis au général Bubna nos dé- pêches, il nous a ordonné de nous rendre de suite auprès de vous et nous a chargé de vous dire que, d'après ses instructions, il devait vous autoriser en tout, favoriser votre armement et ériger au nom du roi de Sardaigne le gouvernement *ad interim* qui con- viendra aux Savoyards à qui il remettra l'administration de la Savoie. Il attend au plus tôt une députation qui l'instruira du ré- sultat de vos opérations, il désire surtout que les anciens offi- ciers supérieurs et tous ceux qui peuvent inspirer la confiance, se réunissent auprès de vous pour travailler de concert à l'or- ganisation militaire de notre pays et à la création d'un système d'administration, qui en conservant l'ancien mode, puisse se concilier avec les nouvelles institutions et opérer d'heureux résultats.

/signé/ de LAUNAY, aide de camp, de Sonnaz.

Pour copie conforme, signé de SONNAZ.

MM. de Launay et de Sonnaz avaient le droit d'être fiers de la façon dont ils avaient été accueillis par les souverains alliés, leurs ministres et leurs généraux. Le général Janus pouvait l'être aussi de trouver, chez les alliés, un appui aussi sympa- thique, de recevoir tant de déclarations rassurantes et de la façon dont ses deux officiers s'étaient acquittés de leur mission.

Nous pouvons ajouter à toutes les déclarations que contient le rapport de MM. de Launay et de Sonnaz, celles qui sont con- tenues dans la lettre du comte Schraut que voici :

23 janvier 1814.

Monsieur le comte,

C'est avec bien du plaisir que j'ai revu ici votre fils accompagné de M. le vicomte de Launay. Je les ai munis d'une bonne lettre pour M. le prince de Metternich et ils ont continué leur route le même jour 21 janvier pour la lui remettre le lendemain, S. M. avec son ministre des affaires étrangères se trouvant toujours à Bâle. J'espère M. le comte qu'elle ne restera pas sans effet! Il me paraît, d'après ce que vos deux officiers m'en ont dit, qu'il vous faudrait là un tout homme *(sic)* (autre probablement oublié) pour vous donner la main, que celui qui dans ce moment se trouve à Genève; peut-être trouverais-je le moyen d'y remédier, surtout si ces messieurs, suivant mes exhortations articulent en temps et lieux, sans déguisement les faits qui peignent cet homme et démontrent, à l'œil, que là au moins, il n'est pas à sa place.

Recevez, je vous prie les assurances de la considération la plus distinguée avec laquelle j'ai l'honneur d'être

Monsieur le comte,

Votre très humble et très obéissant serviteur

SCHRAUT.

P.-S. — Je vous prie de me donner de temps en temps des nouvelles si vous m'en jugez digne.

(En entier de son écriture)

Après avoir énuméré les encouragements et la collaboration précieuse que le général Janus avait trouvé, soit autour de lui, soit chez les généraux et les ministres des puissances alliées, il faut que, pour suivre le cours de notre récit, nous revenions aux mécomptes du général Janus.

Le général Sechmeister aussitôt arrivé à Chambéry, avait cru devoir maintenir en fonctions la municipalité française.

Le marquis Jean-Baptiste d'Oncieux de la Bâtie, maire de la ville, aussi recommandable par son mérite que par sa naissance, fut maintenu en fonctions.

Placé entre l'influence que les circonstances fesaient peser sur ses collaborateurs, la crainte qui ne s'est que trop vérifiée du retour des Français, l'incertitude sur l'avenir du pays, sur lequel le général autrichien, interpellé plusieurs fois refusa toujours de se prononcer, M. le marquis d'Oncieux crut devoir se borner à obéir passivement au général autrichien.

Le voisinage de l'armée française, qui n'était qu'à deux lieues de Chambéry, légitimait cette attitude qui était approuvée par un très grand nombre de personnes, certainement très attachées au roi, mais contenues par cette incertitude du lendemain, le souvenir des pertes récentes supportées par beaucoup d'entre elles et dont on n'était pas relevé.

Il en résulta qu'aucune publication, analogue à celles de Thonon, ne put être faite; plusieurs maires s'y refusèrent absolument. Une note trouvée aux archives d'Habères, nous apprend que M. le comte Greffier de Bellecombe, maire de Moûtiers, ne voulut y consentir qu'avec l'approbation du général autrichien.

On savait avec quelle rigueur Napoléon traitait ceux qui essayaient de lui barrer la route et un retour de fortune était encore possible pour lui.

Le général Bubna nous fait voir que, pour ce qui le concernait, il donnait un entier appui au général de Sonnaz.

Voici ce qu'il lui écrivait le 30 janvier.

Lettre du général comte de Bubna

A Son Excellence, le général comte de Sonnaz à Chambéry.

Monsieur le Comte,

J'ai reçu la lettre que vous avez bien voulu m'adresser par Monsieur votre fils et ai incessamment pris connaissance de la lettre de la commission centrale du département du Léman à la commission subsidiaire de Bonneville, le tout s'explique par la date de cette lettre.

Immédiatement après que vous m'avez fait connaître les sentiments de vos compatriotes, Monsieur le Général, j'ai enjoint à la commission centrale d'ordonner aux maires des communes du Chablais et du Faucigny de ne s'opposer, ni à la publication de vos proclamations, ni aux enrôlements volontaires que vous pourriez vous trouver dans le cas de faire, dans les dites parties du département du Léman, ni à loger vos troupes et leur fournir les étapes *(sic)* comme aux troupes autrichiennes qui s'y présenteront munies de feuilles de route émanées par vos ordres.

Toutes les difficultés sont donc levées.

J'aime à vous convaincre, Monsieur le général, que je seconderai de tous les moyens qui sont en mon pouvoir, les nobles efforts que vous projetez.

Recevez, Monsieur le général, l'assurance de la considération distinguée, avec laquelle j'ai l'honneur d'être, Monsieur le général,

Votre très obéissant serviteur,

le général comte de BUBNA.

Genève, le 30 janvier 1814.

Malgré les instructions du général Bubna, la commission centrale du Léman contraria les opérations des royalistes savoyards. Le général Janus prévoyait cette opposition quand il demandait au général autrichien de séparer du département du Léman, par un décret, les provinces appartenant à la Savoie.

L'opposition apportée par la commission centrale, avait sa source dans sa sympathie pour la domination française, dans le désir de beaucoup de ses membres de voir leur province former un canton suisse dont Genève eut été le chef-lieu. Ces personnes pensaient aussi par là, consolider peut-être leurs acquisitions de biens nationaux, mais surtout aussi empêcher le clergé et la noblesse de reprendre leur influence.

Cette commission faisait naître à chaque instant quelques obstacles, qui ne pouvaient être levés que par l'intervention du général Bubna, lequel s'y était toujours prêté avec beaucoup d'urbanité.

Ces lenteurs paralysaient le recrutement qui avait commencé sous des auspices si favorables.

Le général Janus, en l'état, se vit donc fort embarrassé, lui qui n'avait fait son appel aux volontaires savoyards, que sur les assurances, les plus positives, qu'il serait appuyé et qu'il pourrait à cette fin *disposer des ressources du pays*, se vit au contraire réduit à une somme de douze mille francs que M. de Bubna lui avait fait avancer sur le trésor de l'armée, somme qui avait été de suite et en grande partie engloutie en frais de voyages des officiers, en missions et en expéditions de courriers.

Le général Janus chargea M. le baron de Villette d'une mission auprès du roi, afin de lui faire connaître les résultats de la démarche faite, par ses deux officiers d'ordonnance, auprès des puissances et rendre témoignage au général Bubna de toute la coopération qu'il lui donnait dans son œuvre.

Il avise le général Bubna de la mission de cet officier par la lettre que nous donnons ci-après :

A Son Excellence, M. le comte de Bubna, commandant en chef un corps de troupes alliées

J'envoie M. le baron de Villette (1), capitaine de cavalerie, au roi mon maître, pour lui rendre compte de la mission de M. de Launay et de mon fils au grand quartier-général. Les circonstances exigent que sa mission soit secrète, elle ne doit pas l'être pour votre Excellence; mais je la supplie q'elle le soit pour tout autre dans ce pays.

Je lui ai enjoint de passer au quartier-général du Feld maréchal de Bellegarde, pour qui je lui ai remis une lettre. Je réclame vos bontés pour cet officier et vous prie, Monsieur le comte, de lui faciliter les moyens de se rendre à sa destination sans retard.

Il est chargé particulièrement de faire connaître à S. M. combien Votre Excellence prend d'intérêt à notre patrie et tout ce qu'elle a fait pour la cause que nous servons ce dont je lui ai rendu compte dans mes dépêches.

(1) M. le baron Henri.

J'ai eu l'honneur de vous écrire ce matin, M. le comte pour vous faire part que M. le général baron de Sechmeister a convoqué plusieurs anciens officiers et notables de la Savoie pour le 13 courant, afin de former une commission pour fixer les moyens de travailler au bonheur de notre patrie.

J'ose en espérer les plus heureux résultats. Si votre étoile eut permis que Votre Excellence fut au milieu de nous, le succès de notre entreprise, éprouverait certainement moins d'obstacles. Tout ce que vous avez fait pour nous, nous donne la satisfaction de penser que nous vous devrons en grande partie le bonheur de notre pays.

J'ai l'honneur d'être avec un parfait respect,

de Votre Excellence,

le très humble et très obéissant serviteur,

DE SONNAZ.

Au quartier-général de Chambéry, le 10 février 1814.

A Monsieur le comte de Sonnaz, général-major au service de Sa Majesté le roi de Sardaigne.

Monsieur le comte,

Je suis surpris que vous rencontriez des obstacles dans l'exécution de vos nobles projets. Les sentiments qui ont dicté l'appel que vous avez fait à vos compatriotes, doivent réunir auprès de vous tous ceux qui les partagent.

Ce que MM. les officiers de retour du grand quartier-général vous ont dit dans leur rapport relativement à ce que j'avais la volonté et le pouvoir de faire pour la Savoie, est entièrement conforme à ce que je leur ai dit à leur passage à Genève.

Jusqu'à présent, en vous promettant de vous soutenir de tout ce qui serait en mon pouvoir, je présumais l'intention des hautes puissances; aujourd'hui, je les connais et je suis prêt à faire tout ce qui peut être utile à la belle cause que vous embrassez.

Vous pouvez, Monsieur le général, vous adresser à moi, avec confiance, en tout ce qui vous sera avantageux et agréable.

Agréez, Monsieur le général, l'assurance de ma considération très distinguée,

Le général BUBNA,

Au quartier-général de Genève, le 11 février 1814.

Le général Bubna avait donné l'ordre au général Sechmeister de convoquer, à Chambéry, tous les anciens officiers de l'armée et les gentilshommes des diverses provinces de la Savoie pour en former un conseil de gouvernement.

Le général de Sonnaz ne put assister à la réunion étant devenu subitement malade, il chargea son chef d'état-major, le baron de Ruphy de le remplacer.

Dans un discours concis et éloquent, le général Sechmeister exposa à ces messieurs, formant le conseil, que d'après les ordres de S. E. le Feld-maréchal, comte de Bubna, il les avait réunis pour s'occuper du moyen d'opérer le bien du pays, que c'était à eux à voir s'ils désiraient la rentrée de leur patrie sous le sceptre de la maison de Savoie, leur laissant le choix d'être traité dorénavant, comme pays conquis, ou comme allié.

Il demanda une réponse pour le lendemain et se retira. Nous trouvons, au château d'Habères, une pièce qui indique que le président de cette commission était le marquis Salteur de la Serraz (voir p. justif).

Dans cette pièce signée de Sonnaz, celui-ci presse le marquis de la Serraz de provoquer une réunion de la noblesse de Savoie dans la limite de temps, si restreinte, laissée par le général Sechmeister.

M. de Sonnaz faisait valoir la nécessité et l'importance d'une action aussi générale que possible et combien une manifestation de l'espèce, en faveur du souverain légitime, aurait le plus grand poids, d'autant plus que les Autrichiens avaient l'air d'inaugurer une nouvelle attitude, de se désintéresser presque de la chose et l'apparence de ne se préoccuper que d'une seule, celle d'assurer le service de leur armée et de leurs besoins.

Le lendemain, la commission se réunit à nouveau, plus nombreuse et choisit dans son sein une commission chargée de rédiger une adresse aux hautes puissances alliées, adresse qui fut envoyée au baron de la Tour pour qu'il la plaça sous les yeux du ròi. Nous en trouvons l'avis dans une lettre adressée au général Janus par le marquis de la Serraz.

On nomma en outre une délégation chargée de porter l'adresse aux puissances alliées.

Elle se composait de M. l'abbé de Thiollaz, vicaire-général du diocèse de Chambéry, le comte de Villette de Chivron (sic), M. le marquis de Chaumont, le chevalier Hyppolite de Sonnaz, le chevalier de Launay, le marquis Jules de Saint-Innocent, le marquis Ernest de la Serraz et le baron de Montailleur.

La commission d'accord sur le fond de la rédaction c'est-à-dire le dévouement au roi, disputait encore sur les moyens de le servir, lorsque la nouvelle arriva à Chambéry, que le poste autrichien chargé de surveiller le passage de la grotte et des Echelles, avait été forcé de se replier sur Chambéry, sur laquelle ville, les Français marchaient en forces.

Presqu'au même instant, la nouvelle se répandit que le général Janus de Sonnaz venait de rendre le dernier soupir.

Voici le texte de l'adresse au roi :

Adresse de la noblesse de Savoie

La noblesse de Savoye, que la Révolution française a malheu-reusement séparée par des divisions départementales, ose enfin se réunir aujourd'hui sous les auspices des hautes puissances alliées, elle charge spécialement l'abbé de Thiollaz, vicaire général du diocèse de Chambéry, le comte de Villette Chevron, le marquis de Chaumont, de s'adjoindre le comte Hyppolite de Sonnaz, le chevalier de Launay, le marquis Jules de Saint-Innocent, le marquis Ernest de La Serraz et le baron de Montailleur, afin de porter aux pieds des monarques alliés l'hommage de son profond respect et de la plus vive reconnaissance.

Affranchie du régime oppressif sous lequel a gémi sa patrie depuis 22 ans et pouvant enfin donner l'essor aux sentiments qui, depuis plus de 8 siècles, se confondent avec son sang, elle désire que ses vœux très prononcés et ceux de la Savoie toute entière soient exposés avec franchise aux augustes souverains qui méditent le bonheur du monde, pénétrés de l'admiration qu'ils excitent, de la confiance qu'ils inspirent, elle réclame le gouvernement de l'illustre maison de Savoie, elle réclame avec toute la nation Victor-Emmanuel, son roi légitime, les hautes puissances alliées qui dictant les lois à l'Europe, n'usent de la victoire que pour le bonheur du peuple, exauceront les vœux de la fidèle noblesse de Savoie.

(Pas de signatures)

CHAPITRE VI

**Mort du général Janus de Sonnaz. — Retour des Français
à Chambéry. — Bataille de la Croix-Rouge. — Les
alliés se concentrent autour de Genève.**

La nouvelle de la mort du général de Sonnaz n'était que trop
vraie. Ce brave général avait trop présumé de ses forces.

A 77 ans, après tant de campagnes, sa santé était usée; il ne
vivait plus qu'avec des ménagements.

Entraîné par son dévouement au roi, à sortir de sa retraite
pour lui rendre ses provinces savoyardes, les mille détails à
prévoir, et la grande surcharge de travail qui vinrent s'ajouter
à toutes les préoccupations qui suivirent l'entrée des alliés, suf-
firent à user le reste de ses forces.

Des déplacements successifs et nécessaires, entrepris au
cœur d'un hiver rigoureux, avaient préparé à la mort une victoire facile.

Le roi perdait avec lui un de ses plus vaillants et fidèles serviteurs et sa famille un chef des plus vénérés et chéris.

En toute circonstance, cette mort eut jeté de la perturbation
au milieu des efforts faits par les royalistes pour reconquérir
leur indépendance; mais avec l'arrivée si rapide des Français à
Chambéry, la diversion fut complète; il fallut songer à se défendre.

Le général Sechmeister n'étant pas en force pour barrer la
route aux Français, dut opérer sa retraite sur Genève; il le fit
fort honorablement, en défendant toutes les positions qui pouvaient couvrir sa marche.

Quelques coups de fusils furent échangés avec les 5500 hommes du général Dessaix dans la ville même de Chambéry, sur
le boulevard et au pont du Reclus; mais là, où les troupes fran-

çaises trouvèrent une forte résistance, ce fut à la Croix-
Rouge et au château de Montagny. La bataille fut sérieuse et les
Français y laissèrent sur le terrain 15 morts et 120 blessés. Ces
positions furent prises et reprises trois fois. Le général
Sechmeister ayant appris que le général Dessaix faisait tourner
sa marche par Saint-Jean du *désert* et l'*entrée des Beauges*,
ordonna aux volontaires savoyards de se diriger de suite sur
Aix-les-Bains, puis sur Thonon. Le commandement en fut
donné au frère du général de Sonnaz, le chevalier Hyppolite,
colonel et officier des gardes du corps.

Le bataillon prit définitivement le nom de *Volontaires savoyards*.

Le 22 février 1814, le retour des Français en Savoie, produisit
quelques ferments à Thonon. Il y eut des menaces proférées,
non pourtant suivies d'effet, contre les royalistes.

Les volontaires surpris ainsi en pleine organisation et n'étant
pas armés, le général Bubna envoya au colonel de Sonnaz un
détachement de hussards, en même temps, il chargea M. de
Blonay, officier attaché à l'état-major, de porter l'ordre à M. de
Sonnaz d'envoyer à Genève la première compagnie des volontaires, se chargeant de compléter leur équipement et de les
armer.

---

*A Monsieur le Chevalier de Sonnaz, commandant les troupes
de S. M. le roi de Sardaigne à Thonon.*

Monsieur le Chevalier,

*S. E. le général Bubna m'ordonne de vous marquer qu'il désire
que la première compagnie des volontaires savoyards, se rende de
suite à Genève; quoiqu'il manquerait quelque chose à son équipement, elle peut se mettre en marche, on la fournira de tout,
je crois même qu'il serait prudent d'amener tout le monde et
que tous les officiers se rendissent ici — J'écris à M. le chef
d'état major de Blonay, il vous faira part des circonstances dans*

Les volontaires savoyards allaient donc être en mesure de prendre part aux évènements militaires et de contribuer à la défense de Genève.

Leur dépôt fut envoyé à Evian, à Saint-Gingolph et successivement à Monthey en Valais.

Quelques officiers n'ayant pu trouver place aux compagnies de volontaires, jugeant par là leur présence inutile, les cadres étant déjà trop nombreux demandèrent à rentrer dans leurs foyers qui n'étaient pas occupés par l'ennemi.

D'autres demandèrent à passer en pays étranger, jusqu'au moment où ils pourraient reprendre du service.

La majorité resta au corps, décidés à ne point se séparer et à courir ensemble toutes les chances qui pourraient se présenter.

Quelques désertions s'étaient produites dans les rangs. M. de Sonnaz demanda au général Bubna comment il devait les réprimer. Celui-ci répondit la lettre suivante, datée de Turin. En même temps, le général autrichien donnait, par le ministère de M. de Launay, officier sarde attaché à sa personne, les instructions nécessaires pour l'attitude qu'il devait observer vis-à-vis les provocations qui s'étaient manifestées à Thonon.

---

lesquelles nous allons nous trouver pendant quelques jours, pour que vous puissiez prendre vos déterminations en conséquence. S'il n'est pas à Thonon, je vous prie de lui envoyer ma lettre, il se rendra de suite auprès de vous et vous aurez la bonté de me faire connaître vos ordres.

Agréez l'hommage du profond respect avec lequel, j'ai l'honneur d'être,

Monsieur le Chevalier,

votre très humble et obéissant serviteur,

Signé : J, De SONNAZ.

Genève 28 janvier 1814.

A Monsieur le colonel de Sonnaz.

*M. de Sonnaz, colonel commandant le corps des volontaires
savoyards.*

Monsieur,

J'ai reçu votre lettre du 13 du courant. Je suis fâché de la
désertion que vous avez éprouvée, vous devez réclamer et
faire arrêter vous-même les soldats, qui vous appartiennent,
dans les communes où ils se sont réfugiés relativement ; à ceux
qui achètent les armes, ils sont répréhensibles et doivent être
punis d'après les mêmes ordres que j'ai donnés à cet égard
pour mes troupes. Veuillez me signaler les coupables et je les
ferai arrêter.

---

*M. le colonel de Sonnaz, commandant le corps des volontaires
savoyards.*

Monsieur le colonel,

*Je vous remercie de l'empressement que vous avez mis à me
joindre pour contribuer à la défense de Genève. L'ennemi en se
retirant nous laisse sans inquiétude ; je vous engage à retourner
à Thonon pour accélérer la formation des volontaires savoyards.
Le détachement d'hussards qui s'y trouve reste à votre disposition.*

*Je ferai tout ce qui sera en mon pouvoir pour aider vos efforts
et vous pouvez vous adresser à moi en toute confiance.*

Recevez l'assurance de ma considération distinguée.

Le général BUBNA.

Genève, le 28 février 1814.

Je continuerais à vous aider de tous les moyens qui sont à ma disposition pour faciliter votre armement vous serez ainsi que par le passé traité comme les troupes autrichiennes, mais il m'est impossible d'atteindre les opinions, de simples propos ne peuvent qu'être méprisés ; les faits seuls doivent être remarqués. Lorsque vous m'en indiquerez de positifs, je prendrai des mesures de rigueur.

Je ne puis pour le moment vous faire donner des capotes, il n'y en a pas dans les magasins, mais j'écris au prince de Schwarzemberg pour lui faire connaître votre rapport, et lui demander ses ordres. Je vous en ferai part aussitôt qu'ils me me seront parvenus.

Agréez mes salutations.

Signé : Le général Bubna.

commandant les troupes des coalisés à Turin.

A Monsieur le Chevalier de Sonnaz, commandant les troupes de S. M. le roi de Sardaigne à Thonon.

Monsieur le Chevalier,

S. E. le général Bubna me charge, Monsieur, de vous marquer qu'il envoie à Thonon un détachement de hussards, ils sont à votre disposition pour le maintien du bon ordre.

L'intention de S. E. est que vous ne preniez des mesures de rigueur, que dans le cas où vous y serez absolument obligé, de simples propos doivent être méprisés parce qu'ils sont sans conséquence.

Les cartouches qui sont destinées pour Thonon, vous seront remises par le colonel Georgis, commandant de Genève, il faudrait que vous eussiez la bonté de les faire prendre au plus tôt. Il serait prudent d'envoyer quelques hommes pour les escorter. — Le général désire que la première compagnie arrive à Genève au plus tôt, sa présence ici nous donnera des droits pour demander à S. E. ce qui est nécessaire pour achever son équipement.

4

J'ai le plaisir de vous annoncer que l'on a reçu hier l'avis officiel de l'arrivée de 12,000 hommes qui viennent nous dégager. Le général m'ordonne de partir pour me rendre auprès du général Sechmeister. Je ne serai de retour que le 24 au matin. J'ai eu le plus grand regret de ne pouvoir suivre mes camarades. J'espère que vous aurez cédé à nos vœux et que vous aurez accepté notre commandement. J'attends, Monsieur le Chevalier, vos ordres et, je vous prie d'agréer le profond respect avec lequel, j'ai l'honneur d'être,

votre très humble et très obéissant serviteur.

Signé : G. de LAUNAY.

Officier attaché à l'état-major autrichien.

CHAPITRE VII

CAMPAGNE AUTOUR DE GENÈVE

**Situation des volontaires savoyards en Valais. — Ils
demandent à passer en Italie rejoindre le maréchal
de Bellegarde. — Le général Bubna s'y oppose. —
Les Autrichiens menacés dans Genève. — Bataille de
Limonest. — Les conséquences. — Retour des volontaires à Chambéry.**

Le succès des armes françaises, rendit aux partisans du
régime impérial leurs espérances. Ils travaillèrent activement
à désorganiser le bataillon des volontaires, à y provoquer la
désertion.

Les compagnies de dépôt, en arrivant à Monthey, étaient
réduites à 60 hommes chacune.

Bon nombre de lettres du colonel de Sonnaz expriment ses
préoccupations au sujet de ses moyens d'existence, du maintien
de la discipline, difficile à obtenir par l'absence de caser-
nements.

M. de Sonnaz nous laisse un mémoire adressé au colonel
Simbschen, dans lequel, il lui expose que le général de Bubna,
étant presque cerné dans Genève ou au moins condamné à
l'inaction, faute de forces suffisantes; la Savoie étant presque
entièrement occupée par l'ennemi, son corps de volontaires ne
lui semblait pas pouvoir être utilisé. Il proposait au colonel
Simbschen, de lui faire obtenir l'autorisation de traverser la
Suisse, et de rejoindre en Italie le corps d'armée du Feld-maréchal de Bellegarde. Ce mémoire fut signé et approuvé par
tous les officiers des volontaires savoyards dont nous donnons
les noms ci-après. Le mémoire est daté du 1ᵉʳ avril 1814.

MM. Le colonel Hyppolite de Sonnaz.
    Le major de Ruphy.
    Maréchal de Somont.
    Le capitaine de Ruphy.
    Le capitaine de Thoire de Villars.
    Le capitaine Seillard.
    Le chevalier Gaspard de Ruphy.
    Le baron de Thoire, de Villars, lieutenant.
    Le comte de Saxel.
    D'Arçine, volontaire.
    Frezier.
    Le comte Joseph de Sonnaz.
    Chevalier de Maugny.
    Chevalier de Constantin.
    Chevalier de Ruphy.
    Chevalier de Constantin (oncle).

Ont adhéré étant absents pour le service :

MM. Chevalier de Polinge.
    Hyppolite de Sonnaz, (neveu).
    Le chevalier de Saxel.
    Alphonse de Sonnaz.
    Félix Challud.
    Rogès (malade).
    Jaillet de Saint-Cergue.
    De Foras.

Le colonel Simbschen repoussa cette demande en objectant que pendant les deux mois que demanderait ce voyage, le bataillon ne serait pas plus utile, tandis qu'en demeurant, il pourrait être employé, voici les termes dans lesquels il formule son avis.

A M. le comte de Sonnaz, colonel au service
de S. M. le roi de Sardaigne.

Saint-Maurice, le 7 mars 1814.

J'ai l'honneur de répondre à la lettre que vous avez eu la complaisance de m'écrire, que je ne suis point autorisé et que je n'ai aucun ordre d'acheminer les volontaires savoyards, sous vos ordres, pour l'Italie; mais que je crois qu'il vaudrait mieux qu'ils se laissassent employer à servir ici.

J'assignerai pour les officiers surnuméraires, un dépôt où ils pourront rester en attendant. Le reste formera une compagnie dont voici l'état.

La compagnie doit être composée : d'un capitaine, deux lieutenants, deux sous-lieutenants, deux sergents, un fourrier, douze caporaux, douze appointés, deux tambours, deux charpentiers, cent vingt fusiliers et 5 domestiques!

Dès que l'on aura soixante hommes de plus, on formera la deuxième compagnie, ce qui sera sûrement facile par la quantité de déserteurs qui se présentent.

Ceci répondrait mieux au but qu'un éternel voyage au travers de la Suisse et du Tyrol pour l'Italie. D'autant mieux que S. E. le maréchal comte de Bellegarde, avancera sûrement sous peu, assez loin pour s'ouvrir une communication par le Simplon et le Saint-Bernard. Alors la compagnie pourrait facilement agir ici pour le service de S. M. le roi de Sardaigne.

D'après cela, la compagnie formée marchera demain à Martigny, détachera un peloton et un officier sur le Saint-Bernard ; il sera sous les ordres du 1ᵉʳ lieutenant Valentich, qui y commande un second peloton, occupera *le Broncher* et *Saint-Pierre* sous le Saint-Bernard. Le reste à Martigny, comme réserve, observera la vallée de Chamonix.

Du reste de MM. les officiers, on formerait un dépôt qui, d'après la marche de route ci-jointe irait à Vevey et en cas de nécessité ferait sa retraite sur Berne.

Ce dépôt pourrait s'occuper en même temps à engager les prisonniers, les déserteurs qui passeraient.

Je vous prie, Monsieur, de m'envoyer l'état du dépôt et de la compagnie.

Si ce plan ne vous paraît pas acceptable, les troupes savoyardes peuvent occuper Evian, Saint-Gingolph et par-ci par-là, elles se rapprocheraient de leurs pays.

Je prendrai les deux jeunes comtes de Sonnaz à ma suite, et j'attends encore aujourd'hui une réponse,

SIMBSCHEN, colonel.

Pour traduction : BITTMOSKE.

Les avis de M. de Simbschen furent suivis; on forma une compagnie active qui fut placée à Martigny. Elle était chargée de la garde du passage du Grand-Saint-Bernard et de la route de Chamounix.

Tous les jeunes officiers contrariés de rester dans l'inaction si longtemps, prirent le mousquet et le sac au dos et se mirent dans le rang.

Le recrutement était extrêmement gêné par la pénurie d'argent; l'on fut obligé de refuser quantité de jeunes gens du Faucigny et du Chablais, dont les familles étaient restées fidèles au roi; à peine pouvait-on subvenir aux besoins journaliers du soldat.

Les officiers n'ayant rien voulu prendre sur le fonds commun, se sont équipés à leurs frais et depuis deux mois, dit le mémoire cité plus haut, ils servent sans appointements, ce qui joint à l'éloignement où ils se trouvent de leurs familles, rend leur situation fort difficile.

Le mémoire ajoute : malgré tout, il eut été aisé de rendre la Savoie utile, en adoptant un plan dont l'exécution au premier moment, eut compensé les pertes que les armées alliées ont éprouvées.

« Pour cela, il ne serait nécessaire que d'obtenir du général commandant les troupes alliées, qu'il prit possession de la partie de la Savoie non occupée par l'ennemi, que les commissions provisoires fussent remplacées par une administration créée au nom du roi de Sardaigne.

« Les partisans de la France ne trouveraient plus aide et protection auprès des administrations civiles et celles-ci ne pourraient plus s'opposer ouvertement aux démarches des serviteurs du roi et contrecarrer les opérations des troupes alliées; on verrait aussi le noyau des militaires se grossir et seconder l'armée autrichienne. »

Toutes les idées énoncées dans le mémoire étaient fort justes, mais ce qui mettait obstacle à leur mise à exécution, c'est la règle de conduite que s'étaient tracée les souverains alliés; — de ne préjuger en rien d'avance à la distribution des territoires, laissant à la paix définitive le soin de la régler.

L'œuvre du chevalier Hyppolite de Sonnaz n'était pas,

comme nous le voyons, bien facile; il avait fort à faire pour maintenir la discipline, empêcher la désertion fomentée, par un embauchage fort actif et audacieux, puis par dessus tout à trouver les ressources nécessaires pour la solde et l'équipement de sa troupe.

Les alternatives de succès et de défaites sont pernicieuses à un corps de volontaires, dont l'enthousiasme et le beau zèle sont vite calmés, en face d'obstacles ou de mécomptes sérieux.

Il faut le dire à la louange des volontaires savoyards, il resta autour de leur colonel, un groupe solide et fermement décidé à atteindre, malgré tout, le but de sa formation, c'est-à-dire la rentrée du roi dans ses états et celle de la Savoie sous son sceptre.

Nous ne nous sommes point donné pour mission de retracer les faits militaires qui appartiennent à l'histoire générale; mais de suivre les volontaires savoyards et leurs chefs au milieu des évènements.

Nous exposerons donc succintement que :

Genève fut disputée aux Autrichiens par les divers corps français et même sur le point d'être bombardée. Les batteries françaises établies sur le plateau de Saint-Georges, allaient ouvrir le feu contre la ville, lorsque sur les instances du général Dessaix et du général Clarke, on en décida autrement et on lui évita les horreurs d'un bombardement.

Les Français s'épargnèrent là une mauvaise action qui eut été fort inutile, puisqu'au même instant, Augereau se fit battre par les Autrichiens à Limonest près de Lyon, et il fut obligé de se retirer sur l'Isère.

Cette bataille perdue eut pour les Français comme conséquence forcée d'abandonner Genève et de se concentrer autour d'Augereau.

Bientôt après, Napoléon vaincu aux environs de Paris, abdiqua, et le Sénat prononça sa déchéance.

Le 11 avril, une suspension d'armes fut décidée et une convention militaire fut arrêtée entre le Feld-maréchal de Bubna et le général Serrant pour arrêter les hostilités.

Il y fut stipulé que la France et la Savoie seraient occupées chacune dans leurs anciennes limites.

Le chevalier de Sonnaz reçut le 29 mars l'ordre d'évacuer le Valais pour venir à Chambéry avec les volontaires savoyards laissant toutefois son dépôt à Thonon. Voici l'ordre qu'il reçut du général Bubna :

« D'après le désir que vous avez manifesté de revenir en Savoye, vous voudrez bien diriger de suite sur Chambéry la compagnie de volontaires dont vous m'avez transmis le tableau d'organisation, vous la mettrez au complet en y comprenant cependant que les hommes armés et équipés.

« Vous établirez votre dépôt à Thonon où vous resterez ainsi que les officiers qui ne font point partie de la compagnie, jusqu'à ce que je donne de nouveaux ordres. J'ai le plaisir de vous annoncer que les circonstances deviennent très favorables à la Savoye. Je vous ferai connaître incessamment mes intentions. J'écris au colonel Simbschen pour lui annoncer votre retour en Savoye.

« Recevez l'assurance de ma profonde considération.

« *Signé :* le général BUBNA.

« Genève, 29 mars 1814. »

Avant de quitter le Valais, M. de Sonnaz accuse réception au colonel Simbschen, de l'ordre qu'il lui transmet et il le remercie au nom des officiers sous ses ordres et au sien des soins qu'il a pris d'eux pendant leur séjour en Valais. Il le fait dans les termes suivants.

A M. le colonel baron de Simbschen, commandant
les troupes alliées en Valais.

Monthey, le 28 mars 1814.

Je viens de recevoir votre lettre par laquelle vous enjoignez, Monsieur, au dépôt du corps sous mes ordres, de se rendre à Thonon ; j'attendais votre retour pour demander à M. de Bubna, de pouvoir servir plus efficacement la cause de notre souverain quelqu'agréable et avantageux qu'il fut à la première compagnie de servir sous vos ordres, Monsieur le baron ;

Je crois que le service de son maître l'appelle ailleurs. Je l'attendrai, si vous le voulez bien et partirai pour Thonon aussitôt après son arrivée.

Je compte mettre à profit cet intervalle pour proposer à M. le comte de Bubna, les moyens de nous mettre à même d'être plus utile à la cause commune.

Les officiers sous mes ordres et moi, Monsieur, sentons bien vivement tout ce que nous devons pour tout ce que vous avez fait pour nous pendant notre séjour en Valais et nous savons bien qu'il ne dépend pas de vous que nous soyons plus heureux.

Colonel de SONNAZ.

CHAPITRE VIII

**Suspension des hostilités. — On utilise la paix pour la
réorganisation de l'armée du roi. — Ordre du jour du
général Bubna. — M. de Sonnaz propose à M. d'Yenne, le
commandemant des volontaires savoyards. — M. d'Yenne
expose les motifs qui paraissent légitimer son refus.
— Il accepte enfin. — Adresse des habitants de Thonon au roi, — Lettre de M. de Sonnaz au roi. —
Ces adresses et cette lettre sont remises au roi par
M. Joseph de Sonnaz.**

Le 2 avril 1814, immédiatement après la signature de l'ar-
mistice, le général comte de Bubna adressait aux habitants de
la Savoie l'ordre du jour suivant :

Habitants de la Savoie,

Peuple connu de l'Europe par ses sentiments de fidèlité et
de dévouement à ses anciens princes, le moment de se montrer
est arrivé; sous les auspices des hautes puissances alliées, les
nations recouvrent leur indépendance et reprennent leurs lois;
rendues après quelques efforts à leurs gouvernements et à
leurs usages, elles recouvrent le calme et retrouvent une
patrie.

Rappelez-vous la législation sage et paternelle de l'ancienne
maison de Savoie, comparez-la avec les 22 années de malheurs
qui viennent de s'écouler, et jugez!!!

Le retour de vos princes est prochain ; montrez-vous dignes
de l'attachement qu'ils eurent toujours pour leur ancien héritage et faites voir à l'Europe entière que rien n'a pu déraciner
de vos cœurs les sentiments que huit siècles y ont gravés; alors
le roi de Sardaigne reconnaîtra son ancienne Savoie, le digne
berceau de son auguste maison.

L'ordre et la tranquillité seront strictement maintenus dans la Savoie; toutes les propriétés, sans exception seront respectées; et celui qui osera troubler l'ordre, sera sévèrement puni.

Savoyards, un heureux avenir est entre vos mains, que ceux qui veulent servir la cause de leur ancien souverain viennent augmenter le nombre des troupes de S. M. le roi de Sardaigne, qui entreront incessamment à Chambéry.

Donné à mon quartier-général de Chambéry, le 2 avril 1814.

Le général BUBNA.

Le colonel de Sonnaz, comme nous venons de le voir, avait reçu l'ordre d'envoyer le dépôt des volontaires savoyards à Thonon et de conduire le bataillon à Chambéry.

Il mit tout en œuvre pour arriver avec lui dans cette ville, avant les Autrichiens, mais malgré toute la diligence et les marches forcées qu'ils eurent à faire, ils arrivèrent deux heures après les alliés.

La tradition rapporte que l'accueil qui leur fut fait était très froid, embarrassé. Puis au bout de quelques jours, la glace se rompit; on se rapprocha d'eux, on les félicita même sur leur courage et le bel exemple de fidèlité qu'ils avaient donné au roi.

Le colonel de Sonnaz ne perdit pas une minute pour l'augmentation, l'organisation et l'équipement de son corps.

L'état de sa santé seul laissait à désirer, mais non son activité.

Comme pourtant l'on n'est pas le frère d'un homme de 77 ans, sans être voisin de cet âge, il sentait ses forces n'être plus à la hauteur des besoins du service.

Il songea à appeler un ancien officier supérieur pour le seconder dans le commandement, et il jeta les yeux sur le chevalier d'Yenne. M. Joseph de Sonnaz fut chargé de le sonder et voici la lettre que M. de Sonnaz écrivait à M. d'Yenne, lieutenant-colonel de Piémont royal-cavalerie :

26 avril 1814.

Monsieur,

J'ai appris par mon neveu que vous étiez prêt à faire tout ce qui pourrait être utile au bien du service de notre bon maître. Malheureusement, la situation de notre patrie, ne nous permet pas de faire tout ce que nous désirerions. Cependant vos talents, Monsieur le chevalier, et votre zèle peuvent lui être bien utiles dans ce moment difficile. L'estime et la considération dont vous jouissez à si juste titre parmi nos compatriotes, vous mettent à même de me seconder d'une manière bien avantageuse au service de S. M. dans la formation du corps des *volontaires savoyards,* au service de S. M. le roi de Sardaigne, que j'ai l'honneur de commander. Une organisation nouvelle exigeant un travail très suivi et une activité que mon âge me rend difficile, je vous prie, Monsieur d'accepter le commandement en second du corps et de vouloir bien me permettre de vous charger de toute ma confiance à cet égard. J'écris au chevalier de Maréchal de prendre vos ordres dorénavant. Je crois à propos de travailler, à Chambéry, à la formation de préférence à tout autre ville. Cependant, pour des raisons, que je crois avantageuses au service de S. M., je me propose de garder en garnison ici la seconde compagnie sous les ordres du chevalier de Ruphy qui correspondra avec vous pour le détail et qui recevra mes ordres directs pour le service de place. On pourra à fur et à mesure qu'il se présentera d'anciens officiers, les placer à leur ancienneté et les volontaires selon la date de leur présentation. Le bataillon pourra être porté à 6 ou 8 compagnies, si l'on a les moyens en hommes et en argent. Vous voudrez bien me faire passer les rapports de vos opérations et me tenir au courant des progrès que fera le corps sous vos auspices. Le mérite dont vous avez fait preuve, sous ce rapport, m'est un sur-garant que nous pourrons bientôt présenter un joli bataillon à notre bon roi.

Thonon, le 26 avril 1814.

Le colonel de SONNAZ.

Note : (cette lettre est en entier écrite par M. Joseph de Sonnaz).

Voici la réponse de M. le chevalier d'Yenne :

2 mai 1814.

A Monsieur le colonel de Sonnaz,

On ne peut être plus flatté que je ne le suis, Monsieur, de la marque d'estime dont vous m'honorez par votre lettre du 26 avril, en me destinant sous vos ordres, à l'organisation du corps des volontaires savoyards.

Je ne désirerais sûrement rien mieux que de pouvoir être utile au bien du service de notre bon roi et de répondre à la confiance que vous m'accordez; mais la situation du pays ne me paraît malheureusement pas pouvoir favoriser l'organisation que vous avez en vue. Le marquis de la Serraz, M. Joseph de Sonnaz et moi, avons eu ensemble plusieurs entretiens pour aviser aux moyens de se procurer l'argent nécessaire à la formation d'un bataillon.

S. E. le comte de Bubna avait seul, le moyen d'assurer cette formation en mettant les sommes nécessaires à votre disposition, sur les contributions qu'il va faire percevoir. Il a regretté plusieurs fois cette demande et ce sera beaucoup obtenir de lui, s'il accordait au moins la modique somme qui est indispensable pour payer les officiers des deux compagnies qui existent déjà et qui déjà ont fait tant de sacrifices.

D'autre part, nous avions pensé à une souscription volontaire, parmi les familles les plus aisées du pays, pour subvenir aux frais de la formation d'un petit bataillon. Depuis quatre mois, toutes les bourses sont tellement épuisées, que, malgré la meilleure volonté des personnes bien intentionnées, nous ne pouvons pas espérer d'obtenir le succès que nous nous promettions de cette mesure.

Pour le moment, je ne vois donc pas de possibilité à ce que cette formation puisse avoir lieu et je crois qu'il faut borner nos vues à assurer l'existence des deux compagnies qui sont formées en employant toutes les ressources que nous pouvons nous procurer pour les solder et les équiper.

D'ailleurs, vous savez sans doute, Monsieur, qu'une flotte anglaise est partie le 17 avril de Gênes pour la Sardaigne, pour

aller prendre la famille royale, qui, dit-on, est attendue à Turin,
du 12 au 15 courant.

Dans cet état de choses, il est à présumer que M. le comte
de Bubna, gouverneur général des Etats du roi et qui doit être
parti ce matin de Grenoble pour Turin, ne tardera pas à pro-
clamer le mot depuis si longtemps attendu du retour de notre
bon roi et qu'il commencera à donner des ordres pour l'organisation des troupes. Vous serez sans doute des premiers à
vous rendre à Turin et tous les militaires de ce pays n'attendent
que de savoir le jour de l'arrivée de notre monarque chéri,
pour voler à ses pieds.

Conséquemment et d'après les détails dans lesquels je suis
entré, sur l'impossibilité de pouvoir seconder vos vues pour la
formation du bataillon de volontaires savoyards, je crois, Monsieur, que vous approuverez mon avis de se borner à équiper
et compléter les deux compagnies existantes et en me dispen-
sant d'accepter la mission honorable dont vous avez bien voulu
me charger, je m'empresserai néanmoins de faire tout ce qui
dépendra de moi pour obtenir de la commission centrale, ce
dont elle pourra disposer pour nos braves volontaires.

Agréez, Monsieur, l'assurance des sentiments respectueux,
avec lesquels j'ai l'honneur d'être, votre très humble et obéissant serviteur.

Hector d'YENNE.

P.-S. — Votre neveu Joseph a dû partir la nuit passée pour
aller auprès de M. de Bubna à Grenoble et de là à Turin et sans
doute à Gênes pour mettre aux pieds du roi les différentes
adresses dont il est porteur.

Par la lettre que nous donnons ci-après, adressée par M. le
colonel de Sonnaz à M. le comte de Maréchal, nous voyons que,
sur les instances réitérées de M. de Sonnaz, M. d'Yenne avait
fini, malgré ses dénégations précédentes, par accepter le commandement en second des volontaires savoyards.

A M. le comte de Maréchal, capitaine commandant le détachement du corps des volontaires savoyards en garnison à Chambéry.

Croyant avantageux au service de S. M. de charger M. le Chevalier d'Yenne de me seconder dans le commandement du corps, je lui écris pour le prier de se charger des fonctions de commandant en second et de toute l'administration.

Je vous prie en conséquence, de vous adresser dorénavant à lui ou tout ce qui concerne le corps; il m'en fera ensuite passer les rapports.

Je désire que vous, ou l'aide-major, vous vous rendiez auprès de S. E. le comte de Bubna pour lui en faire part et lui faire connaître les avantages qui doivent résulter de cette démarche de ma part. Je remercie les officiers de leur zèle, dont mon neveu m'a rendu compte, j'en fais part au roi, je les lui recommande, ainsi que les volontaires à qui je recommande du zèle et de l'assiduité dont on s'écarte facilement dans les villes.

C'est le moment de se mettre à même de remplir les emplois d'officiers effectifs, auxquels ils seront bientôt appelés.

Grâce au dévouement de tous, j'espère présenter bientôt, au roi, un joli bataillon.

J'ai l'honneur d'être, avec ma considération distinguée.

Le colonel de Sonnaz.

Le postcriptum de la lettre de M. d'Yenne du 2 mai, signale le passage à Chambéry de M. Joseph de Sonnaz, porteur de dépêches pour le général Bubna alors à Grenoble et chargé d'aller ensuite à Turin et à Gênes pour mettre aux pieds du roi différentes adresses.

Voici celle des habitants de Thonon et leurs signatures :

Au roi,

Les valeureuses armées alliées n'avaient pas encore passé le Rhin, que les cris de Vive le roi de Sardaigne, prononcés par la jeunesse du Chablais, avaient retenti dans les rues de Thonon. C'est de Thonon, que les premiers vœux pour le retour du

bon roi Victor-Emmanuel ont été portés à nos libérateurs; c'est
à Thonon que se sont ralliés sous la cocarde bleue, les premiers
Savoyards qui ont pris les armes pour leur roi ; c'est encore de
Thonon, que doivent être adressées à Sa Majesté les premières
expressions de l'enthousiasme qu'éprouvent tous les bons Cha-
blaisiens au moment où il leur est permis d'espérer que leurs
efforts n'auront pas été inutiles et qu'ils auront bientôt le
bonheur de revoir leur bon maître au milieu de ses fidèles
sujets.

Le comte de Sonnaz, bourgeois de Thonon, est chargé par
ses concitoyens de porter aux pieds de Sa Majesté l'hommage
de dévoument sans bornes des habitants de la ville de Thonon
et de la province de Chablais.

Thonon, le 28 avril 1814.

Signé :

De Sonnaz, Hyppolite, colonel de cavalerie, officier des
gardes du corps.
Le chevalier de Ruphy, major.
Le chevalier de Lort, propriétaire, ancien officier de carabi-
niers au service du roi de France.
Dubouloz, maire.
Le chevalier de Ruphy, capitaine de grenadiers.
Descombes, ancien conseiller de la ville de Thonon.
Boccard, adjoint, ancien conseiller.
Le comte d'Antioche.
D'Antioche, fils.
Bron, président du tribunal.
Jérémie Dubouloz.
Michaud, médecin.
Le chevalier de Constantin.
Guigard, d'En-Haut.
Pinget, négociant.
Amable de Ruphy.
Joseph Carron.
Ramel, propriétaire.
Freizier, négociant.

5

Vignet, propriétaire.
J. Fernex, juge au tribunal.
Aménaz, avocat.
Dubouloz.
Le comte de Foraz.
Le chevalier de Saxel.
Le chevalier de Maugny.
De Maclaz.
Chevallez, négociant.
Joseph de Ruphy.
Deleschaud, avoué.
Le comte Jaillet de Saint-Cergue.

Le colonel de Sonnaz chargea en outre son neveu, M. Joseph, de remettre au roi la longue lettre qui suit; elle rend compte à Sa Majesté, de tout ce qui a été fait pour son service, en lui indiquant les officiers, qui ont, par leur conduite, mérité une attention particulière de sa part.

   Sire,

Mon neveu part pour porter aux pieds de Votre Majesté, les vœux de ses fidèles sujets savoyards. Puissent-ils, Sire, hâter le retour de notre bon père parmi nous. Jusques-là, le bonheur n'est pour nous qu'une espérance; j'espère le voir bientôt se réaliser. Mon frère, hélas! n'en jouira pas, Sire, mais à travers les désolations de sa famille, nous éprouvons le doux soulagement de penser que son dernier soupir a été pour son Dieu et pour son roi. Puissé-je ainsi que ses enfants suivre son exemple.

Je charge mon neveu de rendre compte à Votre Majesté, de ce qui s'est passé depuis le départ du baron de Villette et des malheurs que nous avons éprouvé, ainsi que du nouvel avenir qui se présente à nous.

J'adresse à Votre Majesté, le rôle nominatif des officiers et volontaires qui, ayant répondu à l'appel de mon frère, surmonté des obstacles sans nombre, résisté aux peines de tout genre, auxquels ils ont été exposés pendant les malheureux moments où l'ennemi avait réoccupé momentanément la Savoie, sont demeurés inébranlablement inséparables; plusieurs même ont dû refuser des places avantageuses, au service étranger, pour ne pas quitter celui de Sa Majesté. Je les recommande tous à ses bontés et à sa justice. Parmi eux, j'oserai lui recommander le baron Louis de Villars de Thoire, capitaine, officier très zélé, qui a été grièvement blessé en 1800; Le comte de Foras, qui placé entre sa mère, dont il est le fils unique, une jolie fortune et l'attachement qu'il porte à Votre Majesté, n'a pas hésité un instant et a constamment encouragé ses camarades par son exemple. Les chevaliers de Constantin et de Polinge, ont aussi quitté femmes et enfants pour servir Votre Majesté. La plupart des autres, n'étant pas restés au corps dans ce moment difficile, n'en sont pas moins restés fidèles à Votre Majesté, à l'exception d'un très petit nombre, qui parmi les volontaires, ont renoncé à la carrière militaire.

Dans le moment où j'écris à Votre Majesté, de toutes parts les anciens officiers reprennent leur uniforme, de nouveaux volontaires se présentent. J'écris au chevalier Hector d'Yenne (1), pour le prier de me seconder dans la formation du petit corps des volontaires savoyards au service de Votre Majesté. J'espère lui présenter ce corps que j'aurai l'honneur de commander jusqu'à ce qu'elle juge à propos de m'appeler ailleurs; mais, partout où elle me jugera digne de la servir, je tâcherai de lui prouver que je suis le plus fidèle de ses sujets.

Hyppolite de SONNAZ.

____

(1) M. Hector d'Yenne (devenu à la mort de son père marquis d'Yenne), vice-roi de l'île de Sardaigne, fut gouverneur de Gênes, où il mourut en 1830. En 1815 il commandait une division de cavalerie, de laquelle faisait partie le régiment des houzards de Frimont.

Rôle du Bataillon des volontaires savoyards

PREMIÈRE COMPAGNIE

Capitaine : Le comte de Maréchal.
2me capitaine : M. Seilla.
Lieutenant : De Chissé de Polinge.
1er sous-lieutenant : Le comte de Forax.
2me sous-lieutenant : Le chevalier de Maugny.

Lombardi, sergent	comp. de garde.
Antoine,	sergent de peleton.
Brun,	»
Frossard,	»
Storero,	caporal.
Lugrin,	»
Ferrero,	»
Zachini,	»
Guillani,	»
Le comte de Vars,	volontaire.
Le chevalier de Sirace,	»
Deroulier,	»
Zapiot,	tambour
Garnache,	fifre
Baussant,	soldat volontaire
Bianchi,	»
Gaillard,	»
Deval,	»
Marion,	»
Mudry,	»
Davignon,	»
Duc,	»
Perrin,	»
Casassa,	»
Fleury,	»
Fillion,	»
Plantan,	»
Mugnier,	»
Gaillard, second,	»
Thomasset,	»
Cotti,	»
Icot,	»
Cravero,	»
Baldassini,	»
Hiver,	»
Zeda,	»
Brun,	»
Tupin,	»
Perroud,	»
Bernard,	»
Suchet,	»
Grillet,	»
Bourset,	»

DEUXIÈME COMPAGNIE

Capitaine : Le chevalier François de Ruphy.
2me capitaine : Le comte Hyppolite de Sonnaz.
Lieutenant : Le C^{lier} Gaspard de Ruphy.
1er sous-lieutenant : Le C^{lier} de Constantin.
2me sous-lieutenant : Noble d'Arcine.

Morrero,	sergent de compagnie.
Orsier,	sergent de peleton.
Fungueri,	»
Jolliet,	caporal.
Caraz,	»
Dumont,	»
Michel,	»
Haize,	»
Le chevalier de Moisy,	volontaire
M. Ferrier,	»
Orsier,	»
Jacquin,	tambour.
Cananino,	fifre.
Gadolle,	soldat.
Bereuche,	»
Matringe,	»
Chatau,	»
Denissy,	»
Lidret,	»
Burino,	»
Crud,	»
Rojat,	»
Oten,	»
Bamsioni,	»
Urina,	»
Arpin,	»
Griffa,	»
Delorte,	»
Duchesne,	»
Ligier,	»
Gicquet,	»
Dunoyer,	»
Pugin,	»
Vanet,	»
Grellet Nicolas,	»
Callieri,	»
Pizzi,	»
Magnin,	»
Sébastien,	»
Olivo,	»
Belenois,	»

TROISIÈME COMPAGNIE

Capitaine : M. Saillet.
2ᵐᵉ capitaine : M. le baron de Thoire.
Lieutenant : Le Cᵗᵉ Aimé de Ruphy.
1ᵉʳ sous-lieutenant : M. Challud.
2ᵐᵉ sous-lieutenant : M. Rogès,

Deschamps,	sergent de compagnie
Vissol,	sergent de peloton.
Comtaz,	»
Suant,	caporal.
Rhodi,	»
Bonini,	»
Juriaz,	»
Stotri,	»
Porio,	»
Veuillant,	volontaire.
Duparc,	»
Muffat,	»
Berthet,	»
Motay,	x
Montcharlet,	»
Burignon,	»
Maconetto,	»
Boursier,	»
Comte,	»
Viret,	»
Guerre,	»
Philippe,	»
Presigny,	»
Bouvier,	»
Allamant,	»
Silvestre,	»
Viclet,	»
Boucaut,	»
Robert,	»
Vautero	»
Belsi,	»
Garinetto,	»
Palato,	»
Baron,	»
Bugotti,	»
David,	»
Forest.	»
Blanchon,	»
Grosset,	»
Didier,	»

QUATRIÈME COMPAGNIE

Capitaine : Le baron de Villars de Thoire.
2ᵐᵉ capitaine : Le chevalier de Constantin.
Lieutenant : M. Freizier.
1ᵉʳ sous-lieutenant : Le Cᵗᵉ Alphonse de Sonnaz.
2ᵐᵉ sous-lieutenant : Le chevalier de Saxel.

Paul,	sergent de compagnie.
Durand,	sergent de peloton.
Mudry,	»
Lamoisille,	caporal.
Risio,	»
Bellet,	»
Camaroni,	»
Bimet,	»
Le Cʰᵉⁱ d'Vusillon,	volontaire.
Arminjon,	»
De Chasal,	»
Thomasset,	tambour.
Depraz,	fifre.
Porture,	soldat.
Maya,	»
Chapuis,	»
Mudry, second.	»
Panot,	»
Sichel,	»
Dumond, second,	»
Dogliani,	»
Pellerini,	»
Ambrosio,	»
Pernard,	»
Piccut,	»
Volla,	»
Boudaz,	»
Julietti,	»
Mol,	«
Dolca,	»
Mometini,	»
Carro	»
Tomati,	»
Genoud,	»
Valino,	»
Trèpier,	»
Brun-Bon,	»
Dunoyer, second,	»
Blanc Paul,	»
Proni,	»

Rôle nominatif des officiers et volontaires, qui ayant répoudu à l'appel du général de Sonnaz ne se trouvent pas compris dans l'organisation du bataillon des volontaires savoyards.

NOMS	Date de leur représentation	GRADES ANTÉRIEURS
Chevalier Amable de Ruphy.	17 janvier	Capitaine de grenadiers au régiment de Savoie.
Cte Ferdinand de Brotty d'Antioche	18 »	Volontaire au régiment de Chablais, commis de S. L. Adjoint à l'état major du général de Sonnaz.
Marquis de Regard de Ballon	18 »	Major d'infanterie pensionné.
Chevalier Georges de Botteiller	18 »	Colonel au régiment de Savoie.
M. Jérôme Dubouloz	18 »	Ancien sous-lieutenant de cavalerie au service de Naples.
Comte Jaillet de Saint-Cergues	18 »	S.-L. au régiment de Maurienne.
M. Joseph Carron	18 »	S.-L. au régiment de Savoie commissaire de capitaine à l'état-major de Thonon.
Baron Louis de Blonay	18 »	Ancien capitaine de Piémont roval.
Baron Mathieu de Blonay	18 »	Capitaine dans les dragons de Chablais.
Noble de Chissé	19 »	S.-L. au régiment de Savoie.
M. Ramel, aîné	19 »	Ancien employé à l'office des soldes.
Baron Henri de Villette Chivron	20 »	Capitaine de cavalerie, gentilhomme de bouche de Sa Majesté.
M. François Veuillez	20 »	Volontaire au régiment de Savoie commissaire à interim au id pour le général de Sonnaz.
Comte de Maréchal de Somont	21 »	Major de chevaux-légers.
Le commandeur Mathieu.	22 »	Capitaine au régiment de Savoie
M. Joseph Violland	23 »	Volontaire au régiment de Chablais, s'est retiré.
Le chevalier de Magny.	23 »	Lieutenant-colonel au régiment de Chablais.
M. Aimé Mugnier	23 »	Volontaire au régiment de Chablais, s'est retiré.
Ch.-Cl^de de Manessy de Crempigny.	24 »	Lieutenant de grenadiers au régiment de Chablais, commissaire à l'intérim du général de Sonnaz, capitaine au dit, 5 février.

NOMS	Date de leur représentation	GRADES ANTÉRIEURS
M. Joseph Guigard.	25 »	Lieutenant de housards, prisonnier de guerre en Russie, offert par son père.
M. Folliet	27 »	S.-L. au régiment de Maurienne, commission de lieutenant au dit, par le général de Sonnaz, il n'en a pas fait usage.
Le baron de Rochette	27 janvier	Lieutenant de grenadiers au régiment de Savoie.
M. de Martinel	28 »	S.-L. au régiment de Savoie.
Noble Gaspard d'Orlier	28 »	Lieutenant au régiment de Genevois.
M. Jacques Ducert de Myans	30 »	Lieutenant au régiment de Moudon.
M. Laurent Bovet	31 »	Lieutenant-aide-major au régiment de Maurienne, ensuite aux chasseurs.
Comte Albert de Sonnaz	3 février	Capitaine d'invalides, major de place à Savourge ensuite à Chivas.
Ch.-Auguste de Faverges	3 »	Page de S. M., ensuite cornette des dragons du roi.
M. André Anfous.	5 »	Officier de place à Casal.
M. Nicolas Tiola	25 mars	Capitaine de cavalerie au service d'Espagne, a offert ses services aussitôt l'appel du général de Sonnaz.
M. de L'Epignier (*sic*)	15 avril	S.-L. au régiment de Savoie ont rejoint aussitôt que leur patrie a été évacuée par l'ennemi.
M. Grasset	15 »	
M. Mugnier	15 »	
Baron de Villars de Thoire Louis		Capitaine au régiment de Savoie.
Baron Philibert de Thoire.		Lieutenant au dit.
Urbain Rogès		Volontaire au régiment de Savoie.
M. Pelloux		Ancien garde du corps de Sa Majesté.
Noble François de Saxel		Volontaire au régiment de Chablais.
Noble Pierre de Roget de Cevins		Volontaire au régiment de Genevois.
Philibert de Sauvage		Volontaire au régiment de Savoie.

CHAPITRE IX

Traité du 30 mai 1814

L'épée était momentanément rentrée au fourreau et le sort de la Savoie livré à la diplomatie.

Trois partis allaient chercher à faire prévaloir leur prépondérance, tous les trois guidés par des mobiles différents.

1° Le parti royaliste militaire, c'est-à-dire tout ce qui tenait à l'ancienne et à la nouvelle armée sarde, le clergé, tous les Savoyards restés fidèles à la monarchie qui avaient souffert violence dans leurs convictions religieuses et royalistes, dont la fortune avait été profondément atteinte. Ce parti était d'autant plus nombreux, qu'il avait pour lui à peu près toutes les populations des campagnes;

2° Le parti libéral, plus ou moins imbu des principes de la Révolution, tous ceux qui avaient fait carrière pendant ces 22 années d'occupation française, ceux-là étaient pour le maintien de la Savoie dans les limites de la France, quitte même à adresser des déclarations de fidélité et d'amour à Louis XVIII.

3° Un troisième parti, ayant à sa tête un membre du Conseil général du département du Léman, président de la commission centrale provisoire, établie par le général de Bubna, M. Bastian représentait les prétendus intérêts suisses, et ce parti était soutenu par M. de la Harpe, ancien précepteur de l'empereur de Russie et par l'empereur lui-même, dont l'esprit généreux se laissait facilement séduire; ce parti faisait de nombreux efforts pour réunir à Genève et à son canton, une partie des provinces du Chablais, du Faucigny et du Genevois.

Ces trois partis agissaient, dans la limite de leur influence, très activement pour obtenir la réalisation de leurs vœux, et contre le traité du 30 mai 1814, qui fut signé entre Louis XVIII et l'empereur d'Autriche.

Ce traité laissait à la France, Chambéry, Annecy et Rumilly, c'est-à-dire les trois villes les plus importantes de la Savoie et leur faisait former arrondissement.

Le roi de Sardaigne cédait à Genève en plus, 16 communes de son ancien territoire, avoisinant cette ville.

Ce traité eut le grand avantage pour sauver l'unité de la Savoie, de mécontenter tout le monde.

C'est dans les lettres de l'époque, que nous trouvons la trace du travail actif qui fut fait auprès des puissances pour en faire réformer les tristes dispositions.

Comme nous dit le marquis Albert Costa de Beauregard, dans son charmant livre intitulé : *La jeunesse de Charles-Albert*, les lettres sont des témoignages de premier ordre ; elles fournissent à l'histoire les meilleures preuves.

Dans les démarches multiples qui furent faites, soit auprès des chancelleries, soit auprès des princes, nous trouvons encore au premier rang un membre de la famille de Sonnaz, mais cette fois, c'est une femme, et une femme de valeur.

Comme nous l'avons vu aux états de service du général Janus, la comtesse Christine de Sonnaz était née de Maréchal de Somont. Sa mère était une demoiselle de Saint-Séverin. La comtesse de Sonnaz n'était point une femme politique, connaissant et usant de toutes les intrigues, mais c'était une vraie et grande patriote.

Elle partagea à un haut degré les sentiments de fidèlité et de dévouement que son mari avait voués sa vie durant, à la monarchie sarde, puis elle aimait la Savoie par dessus tout.

Madame de Sonnaz était douée d'une force de caractère et d'une intelligence bien au-dessus de la moyenne et d'une instruction peu commune chez les femmes de son temps.

Elle ne pouvait admettre la pensée qu'après 22 années de souffrances et de sacrifices de toutes sortes, faits par les Savoyards qui ne les avait pas ménagés, cette province ne rentra pas en possession de son souverain et que la restauration qui en était une pour tous, ne le fut pas pour la Savoie.

C'est dans ses lettres et celles qui lui furent adressées par

de nombreux hommes politiques que nous retrouvons la mesure de la hauteur de ses sentiments et de son amour pour
son pays.

Cet amour, elle avait su en pétrir ses enfants qui, tous nous
le voyons, avaient donné à leur pays et au roi, tout ce que l'un et
l'autre pouvaient attendre.

En prenant l'ordre des dates, nous trouvons une réponse qui
lui est adressée par M. Capo d'Istria, ministre de l'empereur de
Russie.

Dans cette lettre, l'on voit combien le besoin d'agir était
pressant pour faire réformer ce traité provisoire par un fûtur
congrès des puissances, d'en préparer les informations, de
bien établir les conséquences désastreuses pour ces populations d'un arrangement évidemment conçu sur une mauvaise carte et la répulsion des habitants de la Savoie à peu
près unanimes à protester contre le morcellement de leur
patrie.

16 juillet 1814.

*M. Capo d'Istria, ministre de l'empereur de Russie, à Madame
la comtesse de Sonnaz.*

Madame la comtesse,

Je suis sensible à l'honneur que vous m'avez fait par votre
lettre du 15 juin et à la confiance flatteuse avec laquelle vous
voulez bien m'exprimer votre manière d'envisager une réunion
du Chablais et du Faucigny au territoire de Genève, c'est une
vive satisfaction pour moi de m'en sentir parfaitement digne
par la justice que je sais rendre, Madame, à vos sentiments
et à la noble fidèlité d'une partie de vos compatriotes à leur
ancien roi.

Bien éloigné de vouloir décider entre cet honorable attachement de ceux qui veulent retourner sous la domination du roi
et les vœux différents, formés par une autre classe d'habitants,
je ne me suis permis d'autre conduite que celle que me dictait la

plus sévère impartialité. Tel est le principe qui m'a guidé, lorsqu'à mon passage à Genève, j'ai reçu et écouté la commission centrale d'administration qui me faisait connaître au nom des habitants du Chablais et du Faucigny, le désir d'appartenir à la Suisse.

J'ai donné à ceux qui m'exprimaient ce vœu le conseil de le soumettre directement à leurs majestés et de s'abandonner à leur justice. Leur refuser les moyens de plaider leur cause eut été manquer à cette impartialité dont je me suis fait une loi, et c'eut été même préjuger dans un certain sens sur les intentions auxquelles il appartient de décider cette question; ne partageant à cet égard aucune opinion, croyant ne devoir appuyer exclusivement aucun intérêt, je me borne à laisser à chacun des partis la faculté et le droit de veiller aux siens.

J'ose espérer, etc.

Le comte CAPO d'ISTRIA.

Dans la lettre suivante, adressée à M. de Chateaubriant par la comtesse Christine, nous la voyons se révolter contre l'ingratitude possible des Bourbons qui laisseraient de gaieté de cœur, dépouiller ainsi leurs parents de Savoie, auxquels ils avaient tant d'obligations et qui à l'époque de la Révolution s'étaient si généreusement compromis pour eux.

21 décembre 1814.

Lettre de la comtesse Christine de Sonnaz
à M. de Chateaubriant.

Monsieur,

Je viens comme tout le monde de lire vos réflexions politiques et comme tous ceux qui les lisent, d'en admirer la presque totalité. Quand une plume comme la vôtre, touche à quelque chose, elle lui imprime une sorte de consécration. Jugez de ma douleur en vous voyant applaudir au déchirement de ma patrie et compter au nombre des avantages que Louis XVIII procure à la France, l'acquisition d'une partie de la Savoie.

Vous, Monsieur, qui posez les bases de la monarchie française
sur l'honneur, trouvez-vous qu'il y en ait beaucoup à accepter les dépouilles du roi voisin, ami, parent de vos princes,
chez lesquels ils ont trouvé jadis les premières consolations
et qui n'est tombé dans l'abîme que pour ne pas se détacher
d'eux.

Quoi! vous applaudiriez à une mesure qui, à une époque
essentiellement réparatrice, nous laisse ainsi victimes de
l'affreux droit du plus fort. Ah! Monsieur! employez bien plutôt
votre entraînante éloquence à plaider notre cause, à faire honte
à la France de mériter un reproche pour si peu : mais ce qui
est peu pour elle, est beaucoup pour nous ; nos familles séparées, nos propriétés divisées, toutes nos habitudes changées,
voilà quel serait pour nous le fruit de la restauration, tel
qu'on l'envisage, etc.

La comtesse de SONNAZ.

Les évènements de 1815 firent un instant suspendre le travail
de la diplomatie. Le retour de Napoléon de l'île d'Elbe, la révolution militaire qui en fut la conséquence et qui procura à la
France une seconde invasion, la bataille de Waterloo, l'abdication et la captivité de l'empereur, tous ces grands évènements
qui agitèrent à nouveau l'Europe, arrêtèrent toutes négociations.

Cette seconde victoire des alliés leur donna une très grande
force pour faire rentrer la France dans ses anciennes limites, ce
qui devait profiter à la Savoie, si soucieuse de rester entière.

Au mois d'août 1815, les représentants des puissances
étaient à nouveau réunis à Paris, pour asseoir les préliminaires
d'une paix si désirée, en respectant les droits antérieurs des
souverains et des peuples, que Napoléon avait sacrifiés à son
ambition.

Le travail des royalistes savoyards auprès des influences qui
pouvaient les servir, allaient reprendre toute son activité et
parmi ces royalistes, la comtesse de Sonnaz ne se laissait pas
distancer par son zèle; elle avait du reste en Savoie de nombreux collaborateurs.

Nous avions entre les mains une brochure de l'époque intitulée : *Notice sur la Savoie* et sans nom d'auteur.

Les nombreuses recherches que nous fîmes pour le découvrir, furent couronnées de succès.

Aux archives du Mis César d'Oncieux de la Bâtie nous avons trouvé le manuscrit de cette brochure écrite en entier de la main de son grand-père, le marquis Jean-Baptiste. Puis, une lettre que lui adressait à cette époque Mlle Gabrielle de Saint-Séverin et sa réponse datée de Paris nous apportent la confirmation que c'est bien le marquis d'Oncieux qui en est l'auteur.

Il n'est pas douteux non plus qu'il n'ait eu, sinon des collaborateurs, au moins des conseils, car avec le manuscrit et dans le dossier se trouvent des lettres de M. de Maistre, du comte de Sales, de M. Grand, toutes traitant et s'occupant de cette grosse question.

Ce travail est fort remarquable; il est malheureusement trop long pour que nous le donnions en entier; nous en avons fait une analyse succinte. Il est d'autant plus remarquable, qu'il a été fait dans un espace de temps fort court, comme le dit lui-même, le marquis d'Oncieux dans une lettre à Mademoiselle de Saint-Séverin.

Cet exposé clair et véridique de la situation politique, topographique et commerciale de la Savoie, a dû certainement contribuer pour une grande part à éclairer les ministres des puissances et démontrer non seulement l'injustice, mais l'impossibilité matérielle du morcellement de la Savoie, sans en compromettre les intérêts.

Le travail de M. le marquis Jean-Baptiste d'Oncieux exposait en résumé, que :

La Savoie présente dans son ensemble topographique un amas de montagnes qui se succèdent graduellement depuis les Alpes jusqu'au Rhône.

« Le département du Mont-Blanc est donc presque en totalité un pays de montagnes; on ne trouve quelques plaines que dans les arrondissements d'Annecy et de Chambéry » (voyez la statistique générale de la France, département du Mont-Blanc. In-4°, Paris 1807, page 171).

Ce qui est dit ici du département du Mont-Blanc peut s'appliquer également à la partie de la Savoie qui était comprise dans le département du Léman.

Les quatre provinces immédiatement contigües aux grandes Alpes savoir : la Maurienne, la Tarentaise, le Faucigny et le Chablais, ne communiquent entr'elles que par des chemins escarpés, difficiles et impraticables pendant une partie de l'année. La vallée de l'Isère, la Savoie proprement dite et le Genevois forment le lien général des communications. Ces deux dernières provinces, placées au débouché des grandes vallées, quoiqu'en grande partie aussi montueuses que les autres, renferment cependant une lisière de plaines à travers lesquelles passent les principaux chemins de communication; et où est situé le petit nombre de villes qu'on trouve dans ce pays.

Les principales sont Chambéry, Annecy, et elles avaient par conséquent été choisies pour y fixer le siège du gouvernement et de l'administration, ainsi que la résidence des plus riches propriétaires de toute la Savoie.

La nature du sol et le caractère des habitants offrent à la Savoie des moyens considérables pour sa défense.

Outre les avantages militaires que ce pays possède en commun avec tous les pays de montagnes, la nature y a placé sur la ligne la plus avancée, une position très forte et la mieux calculée pour réunir comme dans un centre, toutes les parties de la défense intérieure; cette position est le plateau des Bauges. Le territoire des Bauges est un grand espace de terrain entouré de toutes parts de profondes vallées, de sorte que l'on ne peut y pénétrer que par un petit nombre de cols, plus ou moins difficiles. Il comprend 13 communes qui forment l'arrondissement du Châtelard. Une élévation moyenne au dessus des vallons qui l'entourent est au moins de mille mètres. (Voyez statistique etc.) On distingue du sommet de la Tournette l'ensemble des Bauges et ce grand massif, vu de cette hauteur, offre l'aspect d'une immense redoute entourée de rochers qui présentent leurs escarpements vers les vallées de l'Isère, de Chambéry, d'Aix (statistique).

Cette position remarquable peut être considérée comme la

citadelle de la Savoie et la clef de la défense des Alpes. Elle domine la place de Montmélian, le cours de l'Isère et les débouchés des vallées de Tarentaise et de Maurienne par lesquelles passent les grandes routes du Saint-Bernard et du Mont-Cenis.

Les Savoyards, braves, simples et attachés depuis huit siècles à leurs souverains par tous les liens des souvenirs les plus chers et des traditions les plus respectées, sont aussi par leurs habitudes et par la connaissance parfaite des localités, les défenseurs les plus propres de ces montagnes; leur valeur, leur patriotisme, leur fidèlité ne se sont jamais démenties dans les guerres que la maison de Savoie a eu à soutenir depuis tant de siècles; et lorsque les évènements de la guerre où des raisons particulières obligeaient les souverains de ce pays à replier leurs forces sur le sommet des Alpes, la partie militaire de cette brave et fidèle population ne manquait jamais de se replier aussi et de se porter sur ces positions élevées où elles contribuaient à la défense des différents passages qui pouvaient conduire en Italie et par les fréquentes et faciles irruptions qu'elle était à portée de faire en Savoie, elle rendait tout à fait précaire et dangereuse, l'occupation momentanée de ce pays par l'ennemi.

Aussi après les guerres les plus malheureuses, la Savoie fut toujours rendue en entier à ses anciens souverains et jamais on ne songea à morceler un pays dont les parties *sont si fortement et si intimement liées par la nature, ni à en diviser la population* qui a mérité depuis si longtemps, plutôt par le caractère et l'union que par le nombre des individus, d'être considérée comme une nation, etc.

La notice termine ainsi :

« Je n'ai parlé jusqu'ici que dans l'intérêt du pays et dans ses rapports d'intimité avec l'illustre maison de Savoie, mais des intérêts plus élevés viennent s'offrir à nos regards, et n'échapperont point aux grandes vues des souverains magnanimes qui s'armèrent pour renverser celui qui menaçait les gouvernements et les peuples d'un joug affreux; pour rétablir le règne de l'équité, si longtemps foulé aux pieds, en replaçant les

anciennes familles des rois sur le trône de leurs ancêtres pour
une paix durable, et enfin qui employèrent leurs armées victorieuses pour la justice universelle et pour la délivrance et le
bonheur des peuples.

En rétablissant le roi de Sardaigne dans ses états, les hautes
puissances voudront sans doute, lui rendre son ancienne existence politique et son indépendance, qui l'appelait à maintenir,
par sa neutralité, l'équilibre et la paix du côté des Alpes et du
Piémont, entre la France d'une part, la maison d'Autriche et
les puissances d'Italie de l'autre. La France en renonçant elle-
même à son alliance perpétuelle avec la Suisse, en brisant ces
nœuds sacrés a perdu tous les avantages qu'elle retirait de sa
sécurité, par rapport à cette partie de ses frontières. En effet,
quelle fidèlité plus éprouvée que celle qui lui avait permis de
laisser toute une frontière sans défense, ou plutôt qui la faisait
considérer comme mieux défendue par l'inaltérable neutralité
de ses loyaux alliés, qu'elle n'eut pu l'être par une triple ligne
de places fortes? Nous avons vu, dans les derniers évènements
des deux invasions de la France, les conséquences majeures
de ce grand changement.

En jetant un coup d'œil sur la carte, nous verrons que la
Savoie, quoique en grande partie enclavée dans la frontière de
la France, ne peut être comprise dans la ligne de défense; pé-
nétrée de toutes parts, après l'occupation de la Suisse, par les
troupes qui voudront entrer en France, la Savoie sera toujours
abandonnée. Cette vérité est prouvée par les nombreuses
guerres des princes de Savoie avec les Dauphins du Viennois
et les rois de France. Je ne me permettrai que d'en citer celle
du maréchal de Berwick, dont les talents et le mérite distingué, généralement reconnus, l'ont fait considérer comme l'un
des plus grands capitaines de son siècle; il nous a fait connaître
la véritable ligne de défense qui convient à la France.

Lorsque Victor-Amédée II, à la tète de son armée et de celle
de l'Autriche, forte de 35,000 hommes, passa par le Mont-Cenis
et le Petit-Saint-Bernard, pour attaquer le maréchal dans ses
positions, cet habile général préféra l'ancienne et excellente
barrière du Dauphiné, qui met la Savoie toute entière hors de
la ligne de défense; et c'est au moyen de cette ligne que, depuis
1709 jusqu'à la paix d'Utrecht du 11 avril 1713, le maréchal par
ses rares talents, a garanti la France pendant 5 années consé-
cutives.

Il établit le centre de ses opérations à Briançon et garnit
fortement les hauteurs supérieures du Galibier, de Valloires et
de Valmeinier; il abandonna toute la Savoie, à l'exception des
hauteurs d'Aiguebelle, sur la rive gauche de l'Arc; il appuya sa

gauche depuis Seyssel, sur la rive droite du Rhône, en suivant Pierre-Châtel; il fortifia la grotte des Echelles, plaça des troupes à Saint-Genix, et fit retirer celles des Marches à Chapareillan, sur le fort des Barreaux et le long de l'Isère, dont il rompit le pont; il suivit la ligne en plaçant des troupes à la Croix d'Aiguebelle et remontant jusqu'à Briançon pour entretenir ses communications avec cette place forte et son camp qui était auprès; il avait placé des troupes au pont Beauvoisin pour défendre la rivière du Guier.

Cette barrière bien connue dans les nombreuses guerres de la maison de Savoie avec les Dauphins du Viennois, et également rendue célèbre par les batailles des Mollettes et de Pontcharraz, entre le connetable de Lesdiguière et les troupes de Charles-Emmanuel Ier, mérite d'autant plus l'attention du ministre français, que, s'agissant d'établir une frontière stable et immuable, à l'abri d'insulte, et réciproquement inviolable, ils examineront scrupuleusement tous les changements qui doivent naturellement avoir opéré des variations, soit dans l'existence politique de la maison de Savoie, soit dans le duché relativement à sa position devenue plus critique.

Pourquoi la Savoie, prise et occupée si souvent par les armées françaises, a-t-elle été rendue toutes les fois que l'on a traité de la paix générale? C'est que, 1° elle est nécessaire à l'existence politique de la maison de Savoie qui l'a possédé pendant huit cents ans; 2° il est de l'intérêt de la maison d'Autriche, par rapport à ses possessions en Italie, et de celui des autres possesseurs de ces riches et belles contrées, que celui qui est appelé pour ainsi dire à être le roi des Alpes, possède la Savoie dans son intégrité, parce qu'elle en est le glacis, et que ses habitants sont appelés par la nature à en être les véritables défenseurs; 3° La France si souvent liée d'intérêt avec la maison de Savoie, considérant qu'elle peut reprendre et occuper le duché de Savoie, quand elle le veut, l'a toujours restitué à ses légitimes souverains, parce qu'elle le regarde en même temps comme utile pour ménager son alliance avec la maison de Savoie, si nécessaire pour exercer son influence en Italie; 4° enfin, toutes les puissances qui ont traité avec la maison de Savoie et qui ont considéré que son existence politique était nécessaire à l'équilibre général de l'Europe, ont jugé qu'il était utile qu'elle eût ses états dans la partie occidentale aussi bien que dans la partie orientale des Alpes, pour qu'elle pût se balancer entre les deux grandes puissances d'Autriche et de France.

Ces grandes considérations, qui ont fait l'objet de tant de traités, par lesquels le duché de Savoie a toujours été rendu à

ses légitimes souverains, n'échapperont point assurément à la
maison de Bourbon, qui ne saurait voir avec indifférence et
sans manquer à sa propre gloire, à l'intérêt de la nation qu'elle
gouverne, et aux devoirs si chers que lui imposent les liens du
sang qui l'unissent à l'auguste maison de Savoie, cette délimi-
tation si préjudiciable aux deux états, et qui entraînerait la ruine
totale de la Savoie.

*Voici la lettre que Mademoiselle de Saint-Séverin adressait à
Monsieur le marquis d'Oncieux pendant son séjour à Paris
et la réponse qu'il lui fit le 25 août.*

A M. LE MARQUIS D'ONCIEUX,

*recommandée à M. le baron de Crousaz, contrôleur général
de la Banque de France.*

Dullin, 14 août.

J'ai déjà résisté vingt fois à la tentation de vous écrire *notre*
excellent défenseur, mais j'y succombe à la fin; toute considération cède *devant mon amour pour mon roi,* jusqu'à celle de
passer pour ennuyeuse; celui dont le dévouement pour lui est
connu, ne saurait-il me le pardonner?

J'ai joui avec la plus douce satisfaction de la mission que
vous alliez remplir! On me dit que vous *espérez,* mais cet espoir
me laisse encore bien des craintes, elles s'augmentent de la
pensée que notre arrêt va être irrévocablement prononcé, que
l'espoir d'un appel qui nous restait encore, il y a quelques mois,
n'existera plus après ce second miracle d'une régénération
générale.

Les plus simples n'ont-ils pas quelquefois le droit d'exposer
leur pensée. Je le fais près de vous, Monsieur, avec la plus
douce confiance; je vous avoue, que je frémis et bien d'autres
avec moi, que nous ne soyons joués une seconde fois; *nos dé-
mons* sans honte, osent profaner *de nouveau* le nom d'amour
pour *Louis,* leurs émissaires veillent et travaillent nuit et jour.

La Chartemaintenue, Talleyrand là et M. Finot ici, que d'adversaires!!.

Nous vous avons envoyé de nouveau *la masse* de notre vœu que vous demandez, que Dieu bénisse vos nobles travaux! J'ai pensé vous adresser quelques petites particularités que peut-être vous ignoriez et qui pourraient vous être utiles.

L'année dernière après la gaucherie qu'avaient faite Messieurs de notre députation à Paris, en ne voyant point du tout Louis XVIII, ni aucun prince français qu'il eut été important d'intéresser à la cause, on pensa essayer de réparer cette faute par une adresse à Madame d'Angoulème; après bien des contre-temps elle lui parvint. La réponse qu'elle y fit, justifia la démarche. Je joins ici l'une et l'autre, voyez-les, peut-être pourriez-vous en tirer parti et faire naître le moyen, en rappelant sa médiation, de la solliciter de nouveau.

Par un contre coup dont on sut profiter, M. d'Artois, à Grenoble, a eu une copie de cette adresse. Louis XVIII répondit à peu près à cette époque, qu'il désirait vivement que le roi Victor fit indemniser par les alliés la nation française.

Le vœu et la réclamation étaient donc connus et reçus de tous. Combien donc on pourrait!! il faudrait aller à eux sans se reposer sur les alliés seuls!

Avez-vous su ensuite le hasard qui avait fait rencontrer à Paris, Wellington, par M. de Villette à son retour de Londres. Celui-ci ne négligea aucune des raisons qui pouvaient l'intéresser à notre cause. Le point géographique fut celui qui subjugua davantage ce grand homme, par le danger de laisser à la France la clef de l'Italie.

Wellington promit, que s'il était interpellé, son avis et son crédit seraient pour notre roi.

Combien aujourd'hui, pourrait-on faire valoir cette absurde démarcation, après l'indigne infraction qui vient d'avoir lieu sur le paisible territoire de Savoie!

Monsieur de Sales, je pense, n'aura pas négligé de la lui présenter pendant les jours où il aura été près de lui; peut-être ignoriez-vous cette petite circonstance; j'ai donc préféré risquer de vous la faire avoir deux fois.

Pardonnez-moi les rêves d'un cœur qui a droit à toutes les

excuses; *Sauvez-nous!* vous et vos dignes collaborateurs! Ne négligez point de démasquer les vils personnages qui se parent d'un sentiment, dont le nom seul, dans leur bouche est un blasphème. Leur conduite passée ne peut donner aucune garantie de la fidèlité qu'ils promettent et ne peuvent tenir. Devraient-ils donc triompher de notre sainte cause!

Notre bonheur nous sera bien plus cher s'il est votre ouvrage et cette pensée trouve un écho dans bien des cœurs!

Voilà qui est fini et bien vite je ferme ma lettre, une réflexion de plus en retarderait l'envoi et je ne me pardonnerait pas d'occuper plus longtemps les moments d'un homme *célèbre* au milieu des dieux de la terre.

Ma confiance est unie à mes sentiments les plus distingués.

Gabrielle de SAINT-SÉVERIN.

Adresse présentée le 1ᵉʳ septembre 1814

Les Dames du Duché de Savoie à S. A. R.,
Madame la Duchesse d'Angoulème.

Madame,

C'est aux pieds d'une princesse, dont l'Europe entière admire la bonté que nous venons avec confiance déposer nos sentiments, eh! quel autre que le sensible cœur de Votre altesse royale pourrait prendre plus d'intérêt à nos peines!

Ce sont des orphelins, Madame! à ce titre, nous sommes sûrs que nos cœurs malheureux trouveront accès auprès du vôtre. Les Français sont dans la joie et quels motifs n'en ont-ils pas! ils ont retrouvé leur souverain légitime, *Louis le Désiré*, les Savoyards sont dans la tristesse! ils perdent un prince dont l'auguste famille honora depuis huit siècles une contrée assez heureuse pour avoir été le berceau de son illustre maison.

Madame, vous nous pardonnerez de rappeler le souvenir peut-être indiscret de l'affreuse époque où il n'y eut plus de père pour l'auguste fille des rois. Eh bien! nous osons le dire, la douloureuse situation où s'est trouvée Votre Altesse royale, devient aujourd'hui la nôtre, nous perdons notre roi et notre père! Nous vous en conjurons, Madame, dites à ce grand roi, qui depuis longtemps essuie vos larmes, de vouloir bien tarir les nôtres. Ah! si le ciel nous eut fait ses sujets, son règne serait pour nous l'âge d'or et la France ne présenterait aucune province qui put rivaliser avec la nôtre par les sentiments de dévouement et d'amour, mais huit siècles de bienfaits ont enraciné dans nos cœurs, pour nos princes, des sentiments ineffaçables.

Rien ne soutenait notre courage pendant ces années de deuil et de désolation, comme l'espoir de revoir un jour ces princes chéris et dans la dernière calamité que la guerre vient de faire peser sur nous, un cri universel adoucissait toutes les peines, payait tous les sacrifices... *Nous aurons notre bon roi!* Serait-il possible, Madame, que cet espoir fut trompé et que le cri de l'amour, n'eut été que celui de l'illusion? Le peuple qui sait le mieux aimer son roi, serait-il le seul qui n'eût pas le bonheur de vivre encore sous son empire? Nos pères, nos époux, nos frères, nos enfants ont volé au devant de ce prince bien aimé, ils ne reviendront qu'avec lui, hélas nous devrons les joindre! Daignez Madame, être attendrie, mais non étonnée de ce besoin universel des cœurs savoyards, d'aimer leur roi. Voyez l'antique amour des Français *pour le bon Henry,* eh bien Madame, chacun de nos princes, fut un Henri pour nous; nous n'avons pas de génération à oublier pour arriver à un père, quand nous suivons leur généalogie.

Nous conjurons Votre Altesse royale de n'écouter que les sentiments de son âme et les angoisses des nôtres, Louis XVIII ne lui refusa rien, notre amour, notre respect pour la royauté que ses vertus rehaussent encore, nous sont un garant de ce qu'il daignera faire pour nous. Son cœur souffrirait-il dans le moment où il retrouve une famille où il est adoré, que les enfants de son frère pleurassent leur père? Notre sexe ne connaît pas les détours de la politique, il puise son ardeur dans sa foi. Clotilde au ciel, semble nous servir d'égide, *un ange sur la terre* d'intermède. Comment notre espoir ne serait-il pas animé!

Puissiez-vous nous écouter, Madame, et jusqu'à la dernière génération, les Savoyards toujours à leurs princes, par l'amour et la fidèlité, appartiendront aussi aux Bourbons par la reconnaissance. Alors nous unirons cet hommage à celui du respect profond et de l'admiration que déposent aux pieds de Votre Altesse royale.

les très humbles et très obéissantes servantes.

(Suivaient 233 signatures de la noblesse et bourgeoisie de Chambéry et des provinces du Genevois, Faucigny, Chablais, etc.

Cette adresse soustraite au mois de Juillet par la personne même qui s'était chargée de la remettre, fut présentée de nouveau à Madame au mois de septembre par l'entremise de M. le comte Henri de Cordon, on y avait joint les notes du travail fait à Londres par MM. de Sales et de Villette.

Voici la réponse de Madame :

« Je partage la douleur d'un enfant qui pleure la perte du meilleur des pères, je remettrai le tout à mon oncle ; je m'unirai d'autant plus volontiers aux réclamations, que j'ai connu dans le temps toute la répugnance que le roi a manifesté que ce fut au préjudice de son beau-frère qu'on songea à agrandir son territoire.

Au reste, c'est en présence des parties contractantes et intéressées, que la question va de nouveau être mise en délibération, nous verrons avec plaisir que les choses reviennent à qui de droit. »

Duchesse d'ANGOULÊME.

Lettre de Monsieur le marquis d'Oncieux à Mademoiselle Gabrielle de Saint-Séverin.

Paris, 25 août 1815.

Mademoiselle,

J'ai eu l'honneur, il y a 5 ou 6 jours, de vous écrire deux petits mots qui sont assurément bien peu de chose et qui expriment bien faiblement tout ce que m'ont fait éprouver d'admiration les sages et justes observations que vous me faites dans votre charmante lettre du 10 courant.

Assurément, Madame de Sévigné n'écrivait pas d'une manière plus agréable et Madame de Maintenon ne parlerait pas mieux politique, mais ce qui est vraiment incomparable, c'est votre manière d'exprimer les sentiments qui règnent dans votre cœur, tout à la gloire de notre bon roi et au bonheur de notre pays. N'en doutez point, Mademoiselle, je ferai usage de tout ce que votre main trace si heureusement sur la lettre que vous avez bien voulu prendre la peine de m'écrire.

Une partie, celle qui a rapport au duc de Wellington est déjà employée; je regrette que la duchesse d'Angoulème ne soit pas ici pour utiliser la seconde, l'on m'a promis accès chez elle à son retour et je me propose de lui rappeler ses promesses et sa sensibilité sur les malheurs de notre pays.

Je voudrais avoir le temps de vous transcrire toutes les adresses que j'ai remises aux souverains et aux ministres, les mettre sous vos yeux.

Je ne résiste pas au plaisir de reproduire ici quelques mots de celle que j'ai remise au roi de France.

« Ce n'est pas que nous ignorions Sire, que par une bonté toute particulière et par un bienfait précieux que nous n'avons pas mérité, Votre Majesté daigne déjà nous appeler ses enfants adoptifs. Ah! sans doute, si nous avions le malheur d'être orphelins, nous ne pourrions trouver un meilleur père, ce titre nous est si cher et si glorieux, que nous ne saurions jamais exprimer à Votre Majesté toute la reconnaissance qu'il nous inspire; mais Sire, nous avons un père légitimé par 800 ans d'un gouvernement juste et d'une sage administration. Avant tout, nous mettons aux pieds de Votre Majesté, nos supplications et le désir le plus ardent des habitants de la Savoie, exprimé par des milliers de signataires, pour que Votre Majesté daigne nous rendre au monarque adoré qui tend les bras à ses plus anciens et plus fidèles sujets, etc.

Cette restitution que la France n'a jamais refusée aux princes de Savoie, est un acte digne du cœur généreux et paternel de Votre Majesté; puisse-t-elle y être déterminée et par l'intérêt de son peuple et par les devoirs si doux que lui imposent les liens du sang qui l'unissent à cette auguste maison.

Je joins un petit imprimé qui a été répandu pour faire connaître tous les inconvénients du malheureux partage de notre pays; il a été écrit et imprimé à la hâte et la carte gravée dans huit jours, ce qui ne nous a pas permis d'en soigner l'exécution, aussi je réclame votre indulgence et vous prie de ne le regarder que comme un petit ouvrage de circonstance. »

Après une digression assez longue, M. d'Oncieux ajoute :

« L'article dont je voulais parler est celui des espérances ! Grand chapitre qui tient le premier rang dans les pages de l'histoire de la vie humaine ! Ces espérances, donc malgré toutes nos sollicitudes, ne sont guère au-dessus de nos craintes. Ce traité, ce fatal traité de Paris tient d'une force alarmante pour nous seuls qui sommes les sacrifiés ; Ce ne sera que par un arrangement où par un bienfait de la Providence, si nous en sommes consolés et malgré toutes les difficultés, j'ose l'espérer encore !

J'ai l'honneur d'être etc.

J.-B. d'ONCIEUX, aîné. »

Comme nous le voyons par les trois adresses suivantes, l'impulsion donnée par la noblesse de Savoie, se communiqua bientôt à toutes les classes. De nombreuses signatures vinrent leur donner le poids et la valeur que donne toujours le nombre et démontrer aux souverains alliés que la répulsion, contre le morcellement du pays, n'était point le fait seulement d'un parti, mais le sentiment sinon à peu près général, au moins de l'immense majorité des populations.

Copie de l'adresse présentée par les Savoyards à S. M. l'empereur de toutes les Russies.

Sire,

Lorsqu'après une campagne de deux années, dont chaque pas fut un triomphe, Votre Majesté eut passé le Rhin et inondé le territoire de la France de ses armées victorieuses, il vous plut de déclarer solennellement vos loyales intentions pour le repos de l'Europe, vous dites à vos soldats ces mots remarquables que l'histoire a recueilli et qui appartiennent à l'avenir, que chaque état soit heureux en exerçant librement ses lois fondamentales. Tous les peuples que la France avait envahi pour les soumettre à une domination injuste; tous ces peuples, Sire, dont les vœux vous appelaient, dont les bénédictions vous suivirent, purent espérer alors de voir bientôt briser leurs chaînes! cette espérance n'a pas été trompée, la Belgique vient de renaître, la belle Italie est délivrée, le Piémont et le comté de Nice viennent d'être occupés au nom de Victor-Emmanuel de Savoie, et la Savoie, qui fut le berceau de cette maison auguste à laquelle elle donna son nom, la Savoie, toujours fidèle à ses princes, voit encore ses destinées incertaines et tremble pour l'avenir.

Sire, la France sera grande, forte et heureuse, Votre Majesté l'a déclaré elle-même, mais nous aussi, après tant de malheurs, nous avons des droits à vos bienfaits. N'êtes-vous pas venu pour fermer toutes les plaies, pour redresser tous les torts, pour réparer tout ce qui avait été détruit.

Aux craintes que nous inspire le voisinage de la France, d'autres inquiétudes viennent se joindre, la diète de Zurich a réclamé auprès des ministres des hautes puissances alliées, une extension de territoire. Déjà ces ministres, par une déclaration du 1ᵉʳ mai ont reconnu l'existence politique de la république de Genève, et lui ont assuré d'avance un agrandissement convenable. Toute la rive gauche du lac de Genève, c'est-à-dire une portion considérable de la Savoie serait renfermée dans cette nouvelle démarcation. Ainsi, l'ancien patrimoine de vos fidèles alliés, Sire, des nobles princes de la maison de Savoie, serait démembré pour agrandir une république étrangère, qui en acquérant un pays ouvert, sans frontières et sans défense perdrait en forces ce qu'elle gagnerait en surface. Cent mille catholiques savoyards deviendraient les sujets d'une ville protestante, que ses opinions, ses usages, ses lois, avaient isolés de tous ses voisins, et dont l'histoire est une longue suite de troubles populaires et de dissensions intestines.

Où serait pour eux la garantie de leur religion et de la morale publique qui ne peut exister sans elle? Pourraient-ils perdre en un jour les habitudes de huit siècles, pour prendre des habitudes nouvelles, et sous ce gouvernement sans dignité et sans force, qui ne leur offrirait ni bonheur ni repos, pourraient-ils jamais oublier leurs anciens maîtres? Notre amour pour eux était un sentiment héréditaire, nous le reçumes de nos aïeux, nous le léguerons à nos enfants. Sire, quel serait le sort d'une foule de gentilshommes, déjà une fois dépouillés et proscrits pour être restés fidèles à leur roi? Qui leur tiendraient compte des sacrifices qu'ils firent à la plus sainte des causes? et dans ce nouveau naufrage de leur fortune, de leurs affections, de leurs espérances que leur resteraient-ils que de porter au-delà des monts à leurs premiers maîtres les seuls biens qu'on leur aurait laissé, leurs épées et leurs cœurs.

Sire, Votre Majesté fut toujours l'allié de notre roi, votre noble cœur est demeuré fidèle à l'amitié malheureuse, Sire, rendez-lui tous ses enfants; plus de 400,000 Savoyards déposent en ce jour leurs vœux unanimes aux pieds de votre trône, de ce trône qui brille de tant de gloire, que tant d'hommages environnent, où se rattachent tant de souvenirs et d'espérances; qu'il soit béni cet Alexandre qui sauva les nations et les rois; qui fut le génie du bien, le héros des temps modernes; les peuples vous honorent du titre de bien-aimé; les soldats vous appellent grand, l'Europe entière vous a salué du nom de magnanime.

1814

Adresse du peuple savoisien et protestation contre la réunion à la Suisse d'une partie de la Savoie

Aux très hauts et très puissants monarques alliés,

Sires,

Elle a retenti dans nos contrées, cette assurance que chaque pays recouvrerait ses princes et ses lois; le berceau de l'auguste maison de Savoie rentrera donc sous la domination de cette famille, dont les vertus et les malheurs rendent les droits encore plus sacrés.

Mais, pourquoi faut-il que l'ivresse d'une nation fidèle, soit troublée par des craintes, des personnes, dont l'intérêt particulier ne sait pas fléchir devant l'intérêt général, annoncent hautement l'espérance du démembrement de l'antique duché de Savoie, c'est à la petite république de Genève qu'ils doivent voir réunir une portion de ce duché.

Une religion, des mœurs et des usages différents, ne semblent pas rassurer les habitants de cette partie des états de la maison de Savoie; sacrifierait-on les plus chères espérances d'une population de près de 170,000 âmes à des convenances indignes d'attention! toute l'intensité de force et de volonté de ce gouvernement qui vient de tomber sous le coup des libérateurs de l'Europe, n'a point renversé la barrière que le temps et les hommes ont élevé entre les deux pays.

Quelque puisse être l'importance que l'on attache à la position militaire de Genève, son ancien territoire seul n'offre-t-il pas tous les moyens qui peuvent en former une place de premier ordre.

La fidèlité des Savoisiens ne sera point privée du prix, dont la promesse leur fut rapportée de vos camps, par ceux dont l'organe vous présenta leurs premiers hommages.

Cette promesse leur a été solennellement faite, renouvelée dans une proclamation adressée le 2 avril par S. E. le Feld maréchal comte de Bubna aux habitants de toute la Savoie.

Quel est l'homme qui peut après cela, concevoir des projets et nourrir des espérances contraires aux intérêts du pays.

Vous comblerez, Sire, le bonheur du peuple savoisien, en rétablissant sur lui l'autorité de cette maison a qui il doit huit siècles de prospérité.

Puissiez-vous entendre le concert de vœux qui la rappellent dans son héritage.

Daignez, Sires, acceuillir et exaucer ces vœux!

Daignez aussi nous permettre de vous adresser l'hommage de la plus vive reconnaissance du peuple savoisien, celui du plus profond respect dont sont animés ses interprêtes.

Suivent les signatures (*sic*).

Nous avons acquis la certitude que ce fut le comte Ferdinand d'Antioche qui fut chargé de porter à Zurich l'adresse des Savoyards du Chablais, du Faucigny et d'une partie de la province de Carouge.

Non seulement, ce fut lui qui eut la mission de porter cette énergique protestation au président de la Diète suisse, mais il est de tradition dans sa famille, qu'il fut l'instigateur et l'âme du mouvement presque unanime de protestation qui se produisit dans les communes faisant partie du territoire que nous avons mentionné plus haut.

Le comte d'Antioche était accompagné d'une députation dont nous n'avons pas malheureusement les noms.

Ils furent assez heureux pour réfuter les arguments invoqués par la ville de Genève qui prétendait à toutes les rives du lac, comme protection indispensable de son territoire et qui pensait par cet apport diminuer son peu d'importance en entrant dans la Confédération.

Adresse des Savoyards du Chablais, du Faucigny et d'une partie de la province de Carouge

A Son Excellence,

Monsieur de Rheinhard, président, et à MM. les députés des dix-neuf cantons et à la Diète générale de la Suisse,

Des vœux ont été portés à la Diète au nom des habitants d'une partie de la Savoie pour leur union au corps helvétique.

Il n'est pas un Suisse, dont l'âme ne fut déchirée par l'idée du démembrement de sa patrie! il n'en est pas un qui ne vouât au mépris et à l'indignation publics ceux de ses concitoyens qui outrageraient la nation jusqu'à demander son extinction morale et politique. Ces sentiments gravés par la nature dans le cœur de tous les peuples, sont ceux qui animent les Savoyards, jaloux de conserver leur nom, leur patrie, leur existence, et prouver à l'Europe que vingt ans d'une domination étrangère et tyrannique n'ont servi qu'à les attacher plus fortement à l'auguste maison royale, qui, pendant plus de huit siècles, les a gouverné avec une sagesse et une modération paternelle.

Ces sentiments qu'inspirent l'amour de la patrie, l'honneur national, la reconnaissance envers son souverain, qui ne voit dans ses sujets que des enfants sont trop naturels et trop légitimes pour n'être pas respectés et favorablement accueillis par les dignes représentants d'une nation, que caractérise éminemment la loyauté et qui mit toujours un grand prix à entretenir les rapports d'une heureuse harmonie avec la royale maison de Savoie.

Nous ne venons donc point défendre la cause sacrée de notre patrie auprès de la haute Diète. Nous trouvons dans le cœur de chacun de ses membres, la garantie de nos droits. Nous prenons seulement la liberté de les prémunir contre les insinuations perfides d'un parti qui, ne reconnaissant point de patrie, voudraient faire envisager les prétentions personnelles de quelques individus comme le vœu général du peuple de la Savoie.

Si le vœu d'une nation doit être entendu dans une opération qui touche de si près à son existence et à son bonheur, il est juste, il est nécessaire qu'il soit émis par la généralité ou du moins la majorité de ses membres; qu'il soit prononcé avec franchise et liberté, et qu'il soit constaté d'une manière qui écarte la surprise et prévienne l'illusion.

Quelques questions importantes s'offrent d'elles-mêmes sur l'adresse qui a été présentée à la Diète ou l'union d'une partie de la Savoie à la Suisse.

Le vœu d'union a-t-il été réellement prononcé par la généralité ou la majorité des habitants de la Savoie?

S'il ne l'a pas été, les signataires de l'adresse ont-ils pu y suppléer et ont-ils un caractère public qui les autorise à émettre le vœu de l'union pour et au nom de leurs concitoyens?

Enfin sont-ils à l'abri de tout soupçon d'intérêt personnel et dignes de confiance dans le témoignage qu'ils rendent du vœu de leurs compatriotes.

Ce n'est que d'après un sérieux examen de certaines questions que l'on peut juger du mérite de l'adresse et du degré de confiance qu'elle peut inspirer, et il n'est pas difficile de les résoudre.

D'abord, c'est un fait notoire, que les habitants de la Savoie en général, n'ont point émis de vœu d'union à la Suisse. Il n'y a eu à ce sujet ni convocation, ni assemblée, ni délibération, ni aucun acte public quelconque dans aucune commune, et les signatures particulières, dont on ne contesterait pas l'authenticité se réduisent à un très petit nombre, en comparaison de la généralité de ses habitants.

On ne peut alléguer, que les signataires représentent authentiquement leurs concitoyens et soient fondés à déclarer leur vœu, car ils n'ont à cette fin ni mission, ni caractère. Quelques emplois publics qu'ils occupent, membres de la commission centrale établie à Genève, ou du collège électoral, maires, juges de paix, leurs fonctions se bornent à l'administration intérieure du département et ils n'ont à aucun titre, le droit de voter au nom du peuple pour un nouveau gouvernement. Cela est incontestable.

Il est loin de notre pensée et de nos sentiments de rappeler ici dans des vues d'amertume et d'aigreur, les souvenirs pénibles et fâcheux de la Révolution. Mais nous ne devons pas laisser ignorer aux honorables membres de la haute Diète, que les signataires de l'adresse sont du moins pour la plupart, des hommes qui ont suivi le torrent de la Révolution avec trop d'impétuosité, et qui ont profité avec trop de cupidité des spoliations injustes, qu'elle a occasionnées.

Ces hommes redoutent quoiqu'à tort, le retour d'un prince, dont la bonté est le caractère distinctif et qu'il suffit de voir et d'entendre pour être persuadé, que de toutes les prérogatives de la royauté, aucune ne lui est plus chère et plus familière que l'habitude de pardonner et d'oublier les erreurs du passé.

Le vœu de tels hommes qui renoncent à leur patrie et à leur roi n'est-il pas légitimement suspect; et sont-ils dignes d'être écoutés, quand ils prétendent servir d'organe à la généralité de leurs concitoyens?

La petite nation savoyarde n'avait fait jusqu'ici qu'une famille; cruellement morcelée par le traité conclu à Paris, le 30 mai dernier, elle réclame contre le démembrement qu'on veut lui faire subir, et elle demande à son souverain, Victor-Emmanuel, au roi très chrétien, à la Diète helvétique, d'être conservée dans son ancienne existence. Si elle a de graves motifs de s'opposer à l'union d'une partie de son territoire à la France, elle en a de plus puissants encore pour réclamer contre le projet d'union de l'autre partie à la Suisse : Ses habitudes, ses mœurs, ses affections, l'éloignent de l'état républicain. L'obéissance lui a toujours été douce et facile et l'expérience de quelques années lui a prouvé que ce ne seraient pas les hommes sages et exempts de passions qui dirigeraient les assemblées populaires.

Nous respectons et nous estimons les mœurs et le caractère des Suisses; nous sommes disposés à entretenir toujours avec eux, comme avec de bons voisins, des relations sociales, et nous ajouterons même, que la perspective du démembrement de notre patrie nous affligerait moins profondément, si dans ce plan, nous étions appelés, par notre position, à entrer en contact direct et journalier avec la nation suisse.

Mais nous ne pouvons dissimuler, que nous sommes saisis d'alarmes, quand nous entendons qu'une partie de notre population sera destinée à former un canton avec Genève, ville estimable et intéressante sous bien des rapports, mais en même temps, ville dangereuse pour ses voisins, par ses principes et ses habitudes, ville, que les louables cantons euxmêmes répugnent à recevoir dans leur confédération, ville si souvent agitée par l'esprit de factions et de dissensions politiques et dont la conduite constante envers les Savoyards et les catholiques n'est pas de nature à nous faire espérer des relations de confiance et de fraternité.

Nous n'avons point accumulé à la suite de cette adresse, le nombre des signatures, soit pour ne pas vous fatiguer, M. le Président et Messieurs les députés, par des nomenclatures fastidieuses, soit par le défaut de temps nécessaire pour recueillir la masse des vœux de chaque commune. Mais nous annonçons avec confiance à la Diète que s'il était possible de faire un libre et impartial recensement des suffrages, on serait étonné que l'opinion de quelques individus eut été ainsi transformée en vœu national.

La haute Diète n'affligera pas un peuple fidèle à son prince en l'arrachant à son gouvernement paternel.

7

Il sera doux pour les Savoyards de vous devoir en partie, Monsieur le Président, et Messieurs les députés des dix-neuf cantons à la Diète générale, le bonheur de leur conservation et de s'unir aux Suisses par un nouveau lien, le lien de la reconnaissance.

Cette adresse est suivie d'un cahier de signatures.

Zurich, 12 juillet 1814.

CHAPITRE X

Comme nous venons d'en donner les preuves, les royalistes savoyards mettaient tout en œuvre pour rentrer sous le sceptre paternel de leur souverain.

Le roi lui-même, mettait un bien haut prix à cette récupération. Les termes dans lesquels était formulé ce désir de sa part, si nettement exprimé à la fin de la dépêche que nous donnons ci-après, ne laisse aucun doute à cet égard.

Louis XVIII insistait pour faire maintenir les dispositions du traité provisoire du 30 mai 1814, il mettait en avant la nécessité pour lui de ne pas rentrer dans une France trop amoindrie; il était dur pour la France, après vingt-deux années de victoires et de guerres, de voir tous ces sacrifices d'hommes rendus inutiles.

Il devait comprendre cependant que la conquête de la Savoie était le fait de la Révolution, que la maison de France était liée à la maison de Savoie par les liens de parenté les plus étroits que la maison de Savoie avait été la première à donner asile aux princes français, au début de la tourmente révolutionnaire, que les princes de Savoie s'étaient fort compromis pour eux à cette époque; ce dernier sentiment devait faire taire toute espèce d'autre considération.

Victor-Emmanuel d'un autre côté était franchement uni à son peuple avec le cœur le plus entier. Comment rester insensible aux témoignages d'attachement quo cc peuple lui donnait? Cette Savoie depuis tant de siècles était restée si fidèle à ses princes. Elle n'avait jamais manqué à ces traditions, son dévouement avait toujours surnagé dans les diverses vicissitudes politiques qui l'en avaient momentanément séparée.

C'est à fournir cette preuve que la dépêche suivante est pleine d'intérêt :

Dépêche du roi Victor-Emmanuel au marquis de Saint-Marsan, pendant sa mission au congrès de Vienne.

Marquis de Saint-Marsan,

La lecture de la dépêche que nous vous avons adressée le premier du courant, contenant la situation des affaires à l'époque du congrès, nous a satisfait très particulièrement. Nous avons trouvé une nouvelle preuve du zèle que vous employez à soutenir nos intérêts et que le comte Rossi seconde si bien de son côté. Nous trouvons convenable de répondre catégoriquement sur chaque article, de façon à vous mettre à même de connaître ces intentions précises sur tous les points et d'employer vos talents, vos lumières pour le bien de notre service.

Il paraît clairement que sans se décider de faire les démarches qui tendraient à nous procurer un agrandissement en Lombardie, on doit renoncer à l'espérance du succès. Les démarches du chevalier de Labrador, appuyées par la France, pour faire accorder au roi d'Etrurie les états de Parme et de Plaisance, prouve qu'on ne laisse pas d'essayer à revenir sur les dispositions du traité du 30 mai. Il sera donc possible, si les démarches du roi d'Etrurie n'obtiennent pas de succès, de mettre encore en avant nos droits bien légitimes sur Plaisance et chercher à obtenir dans ce pays un agrandissement à nos états.

Le démembrement d'une partie de la Savoie ayant facilité l'accès de l'Italie aux armées françaises, ce n'est que dans l'augmentation des forces réelles, par le moyen d'un agrandissement considérable, que nous pouvons maintenir notre indépendance.

Cette considération que vous pourrez aisément développer et employer peut-être avec succès serait utile pour appuyer la demande de la réunion d'une partie des états de Plaisance pour le cas où l'infant ne devrait pas y être rétabli.

Il serait du reste, très avantageux pour les intérêts de l'Italie que le rétablissement de ce prince et son agrandissement pris dans la partie de Lombardie occupée actuellement par la maison d'Autriche put diminuer d'autant l'influence de cette puissance en Italie; et il ne serait pas impolitique d'appuyer sur cet objet les demandes de la France et de l'Espagne en tirant parti de cet appui pour engager cette puissance à nous obtenir de la France, la restitution de la Savoie. Ce dernier article semble devoir être traité seulement avec la France par l'offre de la cession des créances sur elle, et de la partie du comté de Nice située au-delà du Var. Les deux cessions offriront au cabinet de Paris, le moyen de justifier aux yeux de la nation française, celle de la Savoie. Peut-être gagnerait on plus facilement le vœu de Talleyrand en lui laissant entrevoir des dispositions favorables au sujet du fils du prince Eugène de Carignan à la reconnaissance duquel ce ministre s'intéresse vivement, etc.

« La reconnaissance de Murat par les puissances serait fort nuisible aux intérêts de l'Italie, qui, depuis l'énorme agrandissement de l'Autriche doit craindre bien moins l'influence des Bourbons.

Les liaisons de Murat avec l'Autriche, qui menacent l'indépendance de l'Italie sont, ainsi que nos liens de parenté avec le roi de Sicile, des motifs très plausibles pour nous refuser à sa reconnaissance pour tant que nous le pourrons sans indisposer les autres puissances.

Enfin, si par tous ces moyens, on ne pouvait pas cependant obtenir de la France la restitution de la Savoie, nous désirerions que les puissances alliées déclarent que c'est par elles qu'une partie de la Savoie a été enlevée et donnée à la France, *afin que les peuples de cette contrée voient que ce n'est pas leur roi qui les a abandonnés et qu'il ne peut pas lutter contre toute l'Europe. Nous désirons surtout, s'il est possible d'éviter une renonciation formelle et absolue de notre part.* »

Turin, le 8 octobre 1814.

Victor-Emmanuel.

ÉPILOGUE

Les efforts persévérants faits par la noblesse du pays pour rendre la Savoie entière à ses princes, l'appui qu'elle avait trouvé dans la population en grande majorité sympathique à ce retour, les protestations contre son morcellement qui eurent de l'écho jusque dans les rangs des amis de la France, tous ces efforts réunis contribuèrent à réaliser la restauration.

Ce qu'il y a de frappant dans cette restauration en Savoie, c'est la douceur et le généreux oubli du passé qui ont présidés à son accomplissement.

Nous devons écarter disait le général Janus de Sonnaz dans une de ses proclamations, adressée à ses vieux soldats, tout esprit de haine, de vengeance particulière ».

« C'est à aimer le roi, le servir, ainsi que le pays qui a supporté durant 22 années tant d'infortunes, que ce brave cœur appelait ses compatriotes.

La peine du talion eut pu traverser son esprit, car les souvenirs de 1792 n'étaient point effacés! eh bien non! c'était à une vie nouvelle, vie de paix, de justice et de respect des autres, que le général de Sonnaz appelait les Savoyards.

Il est difficile de ne pas être frappé de cette attitude de modération, car elle forme contraste avec la manière forte et violente dont les adversaires usaient à l'égard des royalistes. Il y avait à peine quelques jours, le général commandant les troupes françaises sous les murs de Genève, dans le retour offensif de celles-ci, avait proclamé que tout porteur d'une cocarde bleue serait impitoyalement fusillé!!!

La modération louable, qui fut l'apanage du parti royaliste, contribua beaucoup à faire faire bon accueil aux troupes piémontaises à leur retour et à faire rentrer le pays dans la soumission aux lois anciennes du pays.

Une lettre que nous donnons ci-après où se trouve la relation des fêtes qui eurent lieu à Thonon à cette occasion, nous montre la nature des sentiments qui animaient la population.

Elle est signée par un membre de la bourgeoisie de Thonon et par conséquent elle ne peut être suspecte.

Relation de l'entrée des troupes de Sa Majesté le roi de Sardaigne dans la ville de Thonon

Le 30 septembre 1792, à six heures après midi, les Français entrèrent à Thonon et le même jour 30 septembre 1814 à la même heure les troupes de Sa Majesté le roi de Sardaigne en ont pris possession au nom de leur auguste maître.

Les habitants de la ville, instruits que les troupes étaient en marche se portèrent en foule dès le matin à leur rencontre, la majeure partie à deux lieues de la ville. Ils n'eurent pas plutôt aperçu les troupes que les cris de vive le roi! vive l'auguste maison de Savoie se firent entendre. A mesure que les troupes avançaient, la foule se grossissait et les cris redoublèrent.

Arrivée à une demi-lieue de la ville, la troupe fut en quelque façon forcée de ralentir sa marche tant était obstrué le chemin par le nombre de personnes de tout âge, de tout sexe et de toute condition qui l'entouraient.

A trois cents pas de la ville était placée une compagnie de jeunes enfants en armes, en sarrots bleus surmontés d'une croix blanche avec un drapeau qui, après avoir salué la troupe du feu d'une petite pièce d'artillerie qui les suivait, précédèrent la marche. Dans le même instant, le son des cloches annonça son arrivée à la porte de la ville. Monsieur le chevalier d'Albrion, colonel-commandant fut reçu par M. le Syndic et ses adjoints et successivement par un clergé assez nombreux de la ville et des campagnes auxquels il fit l'accueil le plus gracieux. La marche continua au feu des boîtes placées aux portes de la ville, au son d'une musique guerrière et aux cris de vive le roi!

La joie était peinte sur tous les visages.

Au fond de la ville, à peu de distance de la place d'armes

était placé un arc de triomphe en verdure et embelli de la couleur chérie.

Sur la place était préparé un repas frugal de trois cent-cinquante couverts pour la troupe.

Ici, M. d'Albrion ne voulut pas descendre de cheval qu'il eut eu le plaisir de voir ce repas champêtre animé.

Ensuite, sur l'invitation de MM. les administrateurs, il monta à l'Hôtel-de-Ville, accompagné du corps d'officiers pour assister à une collation que l'on y avait préparée ; elle fut frugale mais elle fut animée. L'on y porta des toasts au roi et à l'auguste maison de Savoie aux alliés, à Son Excellence, M. le comte d'Agliano et à M. le chevalier d'Albrion, au feu multiplié des boîtes placées au devant de l'Hôtel ; c'est ici où M. D'Albrion fit éclater des sentiments d'aménité et d'affabilité qui le caractérisent par l'accueil gracieux qu'il fait à tous les convives.

Le repas ne fut interrompu que par des cris d'allégresse qui se prolongèrent pendant deux heures.

Tout avait été si bien prévu par la sagesse du chef et de ses officiers que le calme et l'ordre le plus parfait régnèrent sur la place pendant tout le temps du repas, malgré la foule des spectateurs qui, à l'envi les uns des autres s'empressaient de servir la troupe. En un mot, jamais les habitants de Thonon n'ont eu une aussi belle fête, aussi n'ont-ils jamais montré plus d'enthousiasme.

NAZ.

Ce qui se passa à Thonon, se passa dans le reste de la Savoie, tout le monde accueillait avec joie la restauration avec la paix.

L'on savait que l'on ne la trouverait que sous l'égide de la monarchie.

Le pays en a joui durant trente-deux ans et c'est le tiers d'un siècle.

L'armée du roi, rapidement reconstituée avait, durant les évènements de 1815 donné des preuves de sa valeur. Elle avait pris une part considérable à la bataille de Conflans et l'Hôpital, (aujourd'hui Albertville).

Les Français étaient commandés par le colonel Bugeaud

à la tête de vieux régiments ramenés en hâte d'Espagne.
L'affaire fut chaude et le pont sur l'Arly, vaillamment disputé.

Quelques historiens prétendent que ce glorieux colonel, devenu plus tard le maréchal Bugeaud a versé là le sang français inutilement, qu'il avait en poche la nouvelle de la défaite de Napoléon à Waterloo. Nous aimons à penser que l'accusation est gratuite et que son patriotisme et sa valeur militaire seuls l'ont guidé en cette occasion.

En mai 1814, les volontaires savoyards avaient été appelés à Turin par le roi. M. Joseph de Sonnaz avait été choisi pour les y conduire.

Ils devinrent le noyau du régiment de Savoie et plus tard de la brigade de ce nom.

Ces régiments dont le nom est resté si glorieux et si populaire ont fait des prodiges de valeur dans la campagne d'Italie en 1848, sous la conduite du général Hector de Sonnaz qui commandait le deuxième corps d'armée (1).

Les combats des hauteurs de Rivoli et de Santa-Gustina, de Sona, le combat de nuit à Volta sont là pour retracer les souvenirs de la valeur de ces régiments ; M. le marquis Albert de Costa vient d'en rappeler les luttes héroïques d'une façon aussi éloquente qu'émouvante. M. de Cordon à la fin de 1815 fut appelé au commandement du régiment de Savoie, comme nous le voyons dans une réclamation faite par quelques officiers de ce corps, qui des premiers avaient répondu à l'appel du général Janus en 1814. (pièces justif.).

Leur colonel, le chevalier Hyppolite de Sonnaz, dont le grand âge et la santé ne permettaient plus un service actif, fut élevé à la dignité de chevalier de l'ordre de l'Annonciade. C'était la plus haute dignité que l'on put obtenir en Savoie et elle était bien méritée par les services rendus par ce fidèle serviteur.

La lettre suivante adressée par M. le comte Radicati à la Comtesse de Sonnaz (Christine), veuve du général Janus et d'ordre du roi, nous montre combien les services de ce général avaient de prix à ses yeux.

---

(1) Le père de l'auteur a eu l'honneur de servir dans le deuxième corps en qualité de major au régiment de Savoie cavalerie. Il fut cité trois fois à l'ordre du jour à Santa-Gustina, à Sona et à Volta, et décoré de la médaille militaire.

C'est un témoignage de la reconnaissance du prince dont une famille peut être fière et il sera aussi le couronnement de notre récit.

A Madame la comtesse de Sonnaz :

Je m'empresse de vous annoncer que Sa Majesté voulant accueillir favorablement les demandes que vous lui avez soumises, sous les auspices de son auguste épouse, a daigné exprimer son intention de vous dispenser du service de dame de Sa Majesté la reine, en vous en conservant néanmoins le titre et les appointements et en vous accordant en outre les honneurs, privilèges et prérogatives des veuves des chevaliers de l'Annonciade.

Le roi a en même temps déterminé de faire graver une inscription en l'honneur de feu votre digne époux et de la faire placer *sur son tombeau,* afin de rendre une éclatante justice à sa fidélité et à son dévouement, ainsi qu'à ses autres qualités distinguées.

J'éprouve, Madame, une véritable satisfaction en vous annonçant toutes ces grâces de Sa Majesté et vous priant d'en agréer mes félicitations, j'ai l'honneur d'être avec une parfaite considération,

RADICATI.

Chambéry, le 27 août 1816.

Il fut impossible à la veuve et aux enfants du général Janus de Sonnaz, d'exécuter les volontés royales au sujet de l'inscription qu'avait désirée Sa Majesté le roi pour perpétuer le souvenir de la fidélité de ce grand serviteur de la monarchie.

En 1814, la retraite des Autrichiens et des volontaires savoyards sur Genève fut si précipitée que les trois fils du général ne purent rendre à leur père les derniers devoirs.

Ils furent contraints d'en laisser le soin à quelques personnes amies auprès desquelles le général s'était réfugié et chez lesquelles il mourut. Au retour des Français et des autorités impériales à Chambéry, la peur s'empara de ces personnes auxquelles on s'efforçait de persuader que le comte de Sonnaz, s'étant mis par son insurrection hors du droit des gens et étant considéré comme révolté devait être infailliblement condamné et fusillé si l'on se fut emparé de lui ; qu'elles-mêmes étaient compromises comme complices par le fait même de lui avoir donné asile. L'impression de ce dire fut telle sur ces personnes que le corps du vieux général fut enterré d'une façon si secrète qu'au moment de la restauration, il fut impossible à sa famille de connaître le lieu de sa sépulture.

Chambéry, 27 février 1890.

Marquis Tredicini de Saint-Séverin.

PIÈCES JUSTIFICATIVES

Une brochure intitulée :

Exposé de ma conduite politique par le marquis
César-Philibert Salteur de la Serraz

A propos des évènements de 1814, il dit ceci :

« A la seconde entrée des troupes des hautes puissances
alliées en Savoie, au mois de mars 1814, le général Bubna me
nomma Président de l'administration centrale du Département
du Mont-Blanc; j'en ai rempli les fonctions jusqu'à l'exécution
du traité de Paris.

Pendant la présidence de cette administration, je saisis
l'occasion du retour du roi Victor-Emmanuel pour proposer aux
administrateurs, d'offrir à Sa Majesté, au nom de ses fidèles
sujets de Savoie, de monter et équiper à leurs frais, la compagnie savoyarde de ses gardes du corps : cette proposition fut
accueillie à l'unanimité.

Une adresse fut rédigée; envoyée à S. E. le maréchal baron
de la Tour, avec prière de la présenter à Sa Majesté. Le roi
répondit que touché des maux que venait d'éprouver la Savoie
il n'acceptait l'offre que pour quinze gardes seulement, pour
faire voir qu'elle lui était agréable; le démembrement de la
Savoie en empêcha l'effet.

A cette époque, je fus sollicité par le marquis de Juigné et
le préfet Finot, commissaires de Louis XVIII, de m'attacher au
gouvernement français; ils me dirent : « il ne faut plus se faire
d'illusion, le sort de la Savoie est irrévocablement fixé;
Louis XVIII estime les Savoyards, il destine aux personnes
marquantes qui se dévoueraient à lui et à son service, des
récompenses distinguées. »

Je leur déclarai, dit M. de la Serraz que, quoique pénétré de
la plus grande vénération pour les hautes vertus de Sa Majesté
Louis XVIII, je ne pouvais devenir son sujet, parce que j'avais
toujours conservé dans mon cœur, un amour, une fidélité et un
dévouement pur et désintéressé pour mon ancien et légitime
souverain, sous les lois duquel, je voulais désormais vivre et
mourir; que je ne leur cachai pas qu'il n'y avait de contents

dans la partie de la Savoie cédée; que ceux qui s'étaient signalés pendant la Révolution ».

Il rappelle ensuite les sacrifices considérables faits par M. le comte de Boigne et lui pour atténuer la misère et la famine de 1817.

Ces messieurs firent acheter à Marseille des blés d'Odessa, les firent transporter et vendre à Chambéry au prix d'emplette. Ces messieurs subirent à cette époque et de ce fait une perte d'argent considérable, dont ils ne furent jamais remboursés.

Le gouvernement vint aussi en aide, mais les paternelles intentions de Sa Majesté furent rendues vaines, l'exécution ayant été confiée à des mains vénales qui employèrent les voitures destinées au transport des grains en Savoie à conduire, en France les riz qu'ils étaient autorisés à y envoyer. Les étrangers furent servis ainsi les premiers.

M. de la Serraz fait suivre cet exposé de deux lettres, l'une adressée en 1792, quelque temps avant l'invasion de la Savoie, offrait à Sa Majesté les services de la compagnie des chevaliers tireurs qui proposait de se joindre aux troupes du roi, rappelant les services antérieurement rendus par eux en 1742 à la défense du château d'Apremont.

La seconde rappelle qu'après le 18 fructidor, il fut incarcéré à Chambéry pour avoir donné asile à des missionnaires et fait célèbrer la messe chez lui et les traitements barbares qui lui furent infligés, ainsi qu'à sa fille et à sa femme, à son retour du Piémont. Il fut séparé de son fils âgé alors de quatre ans.

Il fit une pétition au comité révolutionnaire de Chambéry pour demander sa liberté, cette pétition fut rejetée pour les motifs suivants :

« 1° Parce qu'il était de tous les ci-devant, le plus dangereux parmi les détenus;

2° Parce qu'*avant l'entrée des Français en Savoie*, il favorisait les émigrés qui s'y étaient réfugiés et était lié avec un nommé Bussy qui y levait une légion à cheval pour marcher contre les Français;

3° Parce qu'il était un des plus fermes appuis du général sarde avec lequel il se concertait clandestinement, et rejetant les pétitions en sa faveur faites par les communes du Bourget et de Saint-Pierre de Soucy ; par ces motifs, le pétitionnaire, ainsi que sa femme (Mademoiselle de Morand Saint-Sulpice), *doivent être resserrés de plus près, sous la surveillance la plus scrupuleuse, dans la maison d'arrêt.*

Signé : CHAMOUX, *Président*

BOUCHARD, *Secrétaire*

16 vendémiaire, an 3me.

Du 18 mars 1814.

M. Balbo, ministre du roy à Stuttgard
A Monsieur le Chevalier Hyppolite de Sonnaz

Monsieur le comte,

Je prie Votre Excellence de vouloir me permettre de vous exprimer la très vive et très juste douleur que j'ai éprouvée, en apprenant la perte que vous venez de faire d'un frère chéri, et le roi notre maître, d'un serviteur zélé et distingué par sa valeur et son dévouement sans bornes. Sa Majesté en sera certainement désolée, et elle se persuadera sans doute que les fatigues et les peines de corps et d'esprit qu'il aura eu à endurer dans ces derniers temps pour le bien de son service, auront malheureusement contribué peut-être à accélérer le terme de ces jours — J'avais déjà lu cette cruelle nouvelle dans quelques feuilles publiques, mais je me flattais encore que la chose ne serait pas, lorsque la lettre que vous avez eu la complaisance de m'écrire me l'a confirmée.

Je ne puis pourtant à moins que de féliciter le roi notre maître (après avoir payé le juste tribut de regrets dû à feu, M. le comte, votre frère) de ce qu'au moins Votre Excellence a été appelée à remplacer un si digne frère, et de ce que de précieux intérêts sont par là tout aussi assurés qu'auparavant.

Je viens de faire quelques tentatives à l'égard de l'article qui m'est recommandé par Votre Excellence; mais je ne dois pas vous dissimuler, Monsieur le comte, que j'espère fort peu de succès à cet égard, et déjà on m'a dit que la marche qu'on suit en Savoie est la même que les alliés ont pratiqué dans toute l'Allemagne, c'est-à-dire, d'occuper provisoirement le pays au nom des souverains alliés, jusqu'au moment où on les consigne à leurs souverains respectifs. D'ailleurs je dois encore confier à Votre Excellence qu'il m'est extrêmement recommandé de ménager infiniment chacune des trois grandes puissances qui ont pris à cœur la délivrance de l'Europe, et démontrer surtout la plus grande déférence envers l'Autriche de la part de laquelle nous recevons aussi les meilleurs offices imaginables et dont les dispositions sont on ne peut plus généreuses envers le roi, notre maître. Vous connaissez sans doute, Monsieur le comte, le double lien de parenté qui unissent actuellement les deux augustes maisons d'Autriche et de Savoie.

Je plains infiniment Votre Excellence a beaucoup d'égards, dans les nobles fonctions qu'elle s'est endossée et je m'imagine

aisément les difficultés de plusieurs genres qu'elle aura à sur-
monter.

J'ai surtout été désolé des succès momentanés que les Français
ont obtenus dernièrement en Savoie, où j'avais espéré qu'il se
serait trouvé des forces plus considérables pour s'opposer à
leurs progrès. Heureusement aujourd'hui, on me rassure à cet
égard et j'apprends que M. le général Bianchi, à la tête de
18,000 hommes, tombe sur les derrières des Français et en dé-
barrassera bientôt la Savoie, je souhaite ardemment que tout
cela se vérifie à la lettre.

Je prie Votre Excellence de me commander librement si elle
me croit capable de coopérer en quelque chose au grand but
de nos désirs. Et en même temps, j'ai l'honneur de lui renou-
veler les assurances de la très haute considération et du très
respectueux dévouement avec lequel, j'ai l'honneur d'être

    Monsieur le comte,

      Votre très humble et très dévoué serviteur,

                Signé : BALBO

Stuttgard, ce 14 mars 1814.

---

*A Monsieur le Chevalier de Sonnaz, colonel, commandant le
corps des volontaires savoyards au service de Sa Majesté le roi
de Sardaigne.*

      Saint-Maurice, le 28 mars 1814.

D'après les ordres que j'ai reçus de M. le général comte de
Bubna, vous voudrez bien transporter le dépôt du corps que
vous commandez à Thonon.

Quant à la compagnie stationnée à Martigny, j'attends sous
peu de jours de nouvelles troupes, je pourrais alors les faire
relever et vous les renvoyer à moins que vous ne préfériez la
laisser sous mes ordres.

    J'ai l'honneur d'être avec considération,

                SIMBSCHEN, colonel.

Extrait des registres de la commission provisoire présidée par **M**. le maire de Thonon.

La commission, vu l'urgence et attendu que l'on n'a pu réunir un nombre suffisant des membres du conseil arrête qu'il sera envoyé de suite au général commandant les troupes des puissances alliées, qui sont entrées dans Genève, une députation composée de Messieurs Dubouloz, maire, de Sonnaz, capitaine de la garde urbaine; Jérôme Dubouloz, sous-lieutenant dans la même garde et d'Antioche, membre de la commission.

Cette députation sera chargée de prendre les ordres de M. le général de recommander la ville à sa bienveillance et de lui présenter ses respectueux hommages.

Signé sur la minute :

DUBOULOZ, *maire*

DESCOMBES, *adjoint*

BOCCARD, *adjoint*

DE SONNAZ

D'ANTIOCHE fils

VIGNET

MICHAUD, *médecin*

DUPERRIER fils, *avocat*

Pour copie conforme,

MICHAUD fils, DUPERRIER fils, *avocats*

A Monsieur le Chevalier de Sonnaz, colonel du corps des volontaires savoyards au service de Sa Majesté le roi de Sardaigne.

Thonon, 15 avril 1814.

Le général comte de Bubna m'ayant demandé la note des officiers qui ont quitté le Valais le 1er avril 1814 qui faisoient partie du corps à l'époque de la rentrée en Savoye, je là lui ai remise le 13 du courant, et je vous en envoye le double ci-joint ainsi que le tableau du corps en formation de bataillons et le classement des officiers; je lui ai demandé en même temps toutes les fournitures nécessaires pour la compagnie et tout le corps, il a répondu que pour le moment il tâcherait de nous donner un peu d'argent, mais que vu les circonstances extra-ordinaires, il jugeait qu'il serait à propos de suspendre le recrutement et nous a défendu de recevoir d'autres officiers, que ceux existant au corps à la dite époque; tout cela, Monsieur, nous met dans le cas de rester absolument dans la situation où l'on se trouve et à ne faire aucune dépense que celle du prêt jusqu'à nouvel ordre, cependant, si quelques jeunes gens de bonne volonté voulaient servir comme volontaires ou comme soldats, il me paraît qu'on ne pourrait pas les refuser.

L'aide-major m'a communiqué hier votre lettre, en réponse à celle qui était jointe au bulletin et qui se trouve sans date.

D'après les ordres de M. de Bubna l'on ne peut plus penser à placer des officiers, mais S. E. nous a dit que Sa Majesté a à son retour les placera comme Elle jugera à propos, quant à M. Caron, il me paraît qu'il peut rester auprès de vous comme secrétaire, on m'a assuré que toutes les personnes qu'on avait arrêtées, ont été relâchées, je ne vous cache pas, que cela m'a fait autant de plaisir que leur arrestation m'avait fait de la peine.

J'ai l'honneur d'être avec respect,

Signé : DE MARESCHAL.

Chambéry, le 15 avril 1814.

P.-S. — Je vous prie de faire agréer mes amitiés aux camarades. Au moment de cacheter ma lettre il entre chez moi le comte d'Antioche qui a fait fort bon voyage il vous portera les états que sa visite m'a empêché de finir pour une heure.

Du 6 mai 1814.

M. le Chevalier Balbo, ministre du roi de Sardaigne
à Stuttgard

Monsieur le comte,

Je crains bien que Votre Excellence m'aura accusé de lenteur à sa très obligeante lettre du 3 mars comme aussi à celle du 9 avril, mais j'ai dû partir bien vite (le 20 mars dernier) pour me rendre au quartier-général de S. E. M. le maréchal Bellegarde d'où ensuite je suis allé jusqu'à Livourne, pour envoyer quelques papiers importants à Sa Majesté à Cagliari.

Les très heureuses nouvelles qui sont ensuite arrivées relativement au dénouement de la pièce, m'ont retenu encore en Italie, plus que je ne croyais de façon que je n'arrivai que hier ici, où j'ai trouvé la dite lettre que vous aviez eu la bonté de m'écrire, Monsieur le comte, laquelle m'a fait le plus grand plaisir sous beaucoup de rapports. J'avais déjà appris à Verona que Sa Majesté I. l'empereur d'Autriche avait généreusement ordonné que le gouvernement de Sa Majesté fut reconnu en Savoie. J'en félicite particulièrement Votre Excellence, et j'espère que le manifeste de S. E. M. le comte de Bubna, aura beaucoup facilité vos opérations. et diminué les entrâves que vous éprouviez, et fait disparaître beaucoup de difficultés qui devaient être très pénibles pour vous dans les fonctions de votre charge, où il ne fallait rien moins que votre constance et votre ancien dévouement à notre souverain pour résister.

Mais le bon Dieu a voulu bénir votre ouvrage. Je ne doute pas que maintenant la machine n'ait pris une allure au moins *bonne* si elle n'est encore tout à fait au gré de vos désirs.

J'ai l'honneur d'écrire aujourd'hui à Sa Majesté et je lui transmets toutes les pièces de Votre Excellence a eu la complaisance de m'envoyer pour cet effet. Elles seront un éternel monument de la fidélité de la noblesse, et généralement de tout le duché de Savoye; et notamment du zèle le plus distingué de la part de Votre Excellence et des autres personnes qui s'y sont associées pour le service de notre souverain légitime, dans les circonstances les plus délicates et difficiles.

Je m'attends d'apprendre d'un moment à l'autre le débarquement de Sa Majesté en Italie. Je vous avoue que je l'ai poussé infiniment de ne pas tarder davantage, puisqu'il est très urgent qu'on puisse au moins correspondre avec lui, outre tant d'autres motifs encore qui rendent sa présence nécessaire. Quelques feuilles allemandes ont déjà annoncé son arrivée à Nice, mais je crois que la nouvelle était prématurée, d'ailleurs, je croirais plutôt qu'il vînt débarquer à Livourne.

Je pense que Votre Excellence sera plustôt informée que moi de l'arrivée de notre bon roi dans ses Etats, où au moins en Italie. Car je suppose et j'espère que les communications vont être libres avec le Piémont. Dès que j'en serai assuré, je compte même de prier Votre Excellence de vouloir faire passer quelques lettres à Sa Majesté parce que le chemin sera beaucoup plus court. Je dois informer Votre Excellence, que le 6 avril, j'ai encore vu M. le comte Villette à Livourne, n'ayant jamais pu rencontrer un bâtiment sûr pour s'embarquer. A cette époque, j'ai prié Lord Benting qui se trouvait à Livourne de vouloir lui accorder passage sur un bâtiment sicilien, ce qu'il m'a accordé. Je n'ai pas eu des nouvelles de son voyage encore. Je lui avais prêté mon domestique.

Je me flatte, Monsieur le comte, que petit à petit vous aurez obtenu de S. E. M. le lieutenant-général comte de Bubna ce qui fesait encore l'objet de vos désirs, autant que la chose aura été possible. Quand au code, il faudra bien patienter un peu à ce qu'il me paraît avant de pouvoir effacer entièrement celui de l'iniquité que l'on avait établi en Savoie, comme ailleurs.

Il paraît que l'arrivée de S. M. va mettre ordre à tout cela.

Je prie Votre Excellence de vouloir remettre la ci-jointe à M. le Chevalier de Blonay, capitaine dans les dragons de Chablais.

Je fais passer sa demande à Sa Majesté qui je ne doute pas, l'aurait accueillie très favorablement si le dénouement n'eut pas été si prompt et si heureux. Maintenant, il me paraît que tout sera ajourné et qu'on s'occupera tout à la fois de la formation de l'armée dès qu'il y en aura le moyen.

Ainsi que vous me le dites, Monsieur le comte, j'adresse ma lettre et j'adresserai encore les suivantes à M. Mussard au Molard, à Genève. Ayez la bonté de pardonner, je vous prie, un délai involontaire que j'ai mis à répondre à vos précieuses lettres.

Agréez, M. le comte, les nouvelles assurances de la considération la plus distinguée et du très respectueux et inviolable dévouement avec lequel, j'ai l'honneur d'être,

de Votre Excellence, votre très humble et très dévoué serviteur,

Signé : BALBO.

Stuttgard, ce 6 mars 1814.

*A Son Excellence, Monsieur le marquis de Saint-Marsan,
gouverneur civil des États de Sa Majesté le roi de Sardaigne.*

J'ai reçu à Thonon la lettre que Votre Excellence m'a fait l'honneur de m'adresser à Chambéry en date du 13 et en conséquence, je partirai demain 18, avec le dépôt du corps du régiment de Savoie que jai l'honneur de commander et prendrai en passant le 21 à Chambéry, la compagnie qui s'y trouve détachée, pour de là me rendre à Turin, ainsi que Votre Excellence me l'ordonne.

J'ai l'honneur d'être, avec un profond respect,

J. DE SONNAZ.

Thonon, 7 mai 1814.

Gênes, le 10 mai 1814

Mon cher oncle,

Faites savoir à nos concitoyens que le roi est ici depuis hier soir. Il a dit qu'il voyait avec plaisir, ce que les Savoyards avaient fait pour lui, qu'ils étaient toujours ses fils aînés.

Votre très humble et obéissant serviteur et neveu,

DE SONNAZ

Il a promis d'aller bientôt en Savoye.

(Ecriture du comte Joseph de Sonnaz)

---

*A Monsieur le Chevalier de Sonnaz, colonel commandant
les volontaires savoyards au service de S. M. le roi de Sardaigne*

Monsieur le Chevalier,

Je vous envois ci-joint la lettre de M. le comte de Saint-Marsan que j'ai reçue ce matin, afin que vous me donniez les ordres en conséquence ne pouvant pas partir avant que vous ayez destiné les officiers qui doivent marcher.

Vous me demandez comment j'ai fait pour les déserteurs, je vous dirai qu'il m'en part tous les jours et que je n'ai plus guère ici que 100 hommes, et que les deux que j'ai arrêtés, je les ai tenus au prévôt une huitaine de jours, après lesquels je leur ai fait faire leur service.

Si nous allons en Piémont, il faut demander que l'on organise de suite ce qui veut rester, tout ces gens-là n'étant engagés que pour la guerre et ensuite former un noyau du reste, au reste, comme vous m'ordonnerez, je ferai. Je vous préviens que je répondrai à M. de Saint-Marsan que je me tiens prêt à partir aussitôt que j'aurai reçu vos ordres, il me paraît que nous devrions tous nous unir, avant que de quitter cette ville, le nombre ne sera pas grand, la désertion nous faisant beaucoup de mal depuis le 24 avril.

Quant à ce qui regarde les officiers, c'est à vous, Monsieur le Chevalier à les destiner, je crois que ceux qui voudront marcher comme volontaires, on ne pourrait guère leur refuser cependant, il est bon de les prévenir qu'il ne faut pas qu'ils soient sans argent.

Je suis avec le plus profond respect, Monsieur, votre très humble et très affectionné serviteur,

DE MARESCHAL

Chambéry, 15 mai 1814.

A M. le colonel chevalier de Sonnaz

J'ai reçu toutes les dépêches que vous m'"avez fait l'honneur de m'envoyer par M. de Ruphy. Je suis bien aise que tout soit fini ; mais je n'en ai pas moins du regret de ce qui s'est passé. Il me paraît que l'on soupçonne beaucoup M. de Ruphy d'y avoir contribué, quand à moi, j'aime à croire qu'il ne s'en est pas mêlé, mais cette liste qui a été connue dans la ville était écrite de sa main, il n'en a pas fallu davantage pour le faire soupçonner ; au reste, il ne doit plus être question de cela. L'essentiel aujourd'hui est de faire connaître hautement dans le public que l'on veut son roi, uniquement son roi, la garde nationale a arboré ici la cocarde bleue, elle en doit faire autant partout, et si quelques personnes aiment à se flatter d'être 20ᵉ canton, on peut leur laisser cette illusion, quand à nous, certains de revoir notre roi bientôt, jouissons-en par anticipation.

J'ai l'honneur de vous envoyer les états présentés par notre capitaine au général.

Nous sommes, ici dans un moment essentiel, on prend les moyens de sortir de l'état d'indécision où nous sommes, je suis même destiné à un très long voyage. M. Frézier me demande qu'on veuille bien rayer des rôles, son neveu Michel Frézier, fils du marchand, il paraît que les parents désirent qu'il ne serve pas.

Je suppose que les armes du roi ont déjà remplacé partout remplacé celles de Bonaparte ; si cela n'est pas fait, il faut que cela se fasse.

J'ai l'honneur d'être avec un respectueux attachement, mon cher oncle, votre très humble et très obéissant serviteur et neveu.

DE SONNAZ

Chambéry, le 17 août 1814.

Malgré l'ordre de M. Bubna je ne crois pas que nous devions nous isoler de nos concitoyens, nous servons tous la même cause. Cependant, je ne crois pas que la simple formalité de reprendre son uniforme suffise, pour rentrer dans le corps, il est des égards à marquer à nos camarades. Je suppose que les personnes qui en ont le projet feront auprès d'eux les démarches convenables soit à Thonon, soit ici, il serait à propos de leur faire sentir poliment cependant dans le cas où ils n'y penseraient pas. Quant à l'officier au service d'Angleterre, il ne pourra pas être placé dans le bataillon de préférence à ceux qui sont sur le tableau, mais il doit être présenté à Sa Majesté comme notre camarade ; au reste tout ceci n'est que mes idées particulières,

Cette lettre est entièrement de l'écriture de M. le comte Joseph de Sonnaz

---

A M. le Chevalier Hyppolite de Sonnaz, major-général de cavalerie.

Monsieur le Chevalier,

Ayant porté à la connaissance du roi, la grâce que Sa Majesté I. R. A. a bien voulu vous faire de vous conférer la croix de commandeur de l'Ordre de Léopold, j'ai l'honneur de vous annoncer, que Sa Majesté a daigné vous accorder la permission de porter cette honorable décoration.

J'ai l'honneur, Monsieur le Chevalier, d'être, avec une considération distinguée,

Votre très humble et très obéissant serviteur,

Signé : Comte de VALLEISIA

Turin, le 22 septembre 1815.

A M. le Chevalier de Sonnaz, capitaine des gentilhommes archers de la garde de Sa Majesté le roi de Sardaigne.

Monsieur le Chevalier,

La distinction dont vous venez d'être décoré vous est trop bien acquise pour que je ne puisse pas y applaudir; j'aurais manqué à mon devoir, si je n'avais mis sous les yeux de Sa Majesté l'empereur, mon auguste maître, le zèle des personnes qui se sont montrées dévouées à seconder les entreprises militaires de ses armées. La part active qui a été prise par tous les individus composant votre famille n'aurait pu y être oubliée.

Je vous prie, Monsieur le général, d'agréer les sentiments de la considération la plus distinguée avec laquelle, j'ai l'honneur d'être,

Votre très humble et très obéissant serviteur,

Le lieutenant-général,

Le comte BUBNA.

17 juillet 1814.

Nous trouvons le nom des officiers destinés par Sa Majesté, pour le régiment de Savoie dans un mémoire adressé par Monsieur le chevalier de Sonnaz à Monsieur le comte de Cordon.

Lieutenant-colonel :	Chevalier de Mareschal.
Major :	Chevalier de Ruphy.
Capitaines :	Chevalier Capré de Mégève.
»	Chevalier Genissiaz.
»	Noble de Gautellet.
»	Baron de la Grave.
»	Chevalier de Thoire.
»	Chevalier de Charbonneau.
»	Chevalier de Thoire.
»	Michaud
»	Bastian.
»	Chevalier Rosset de Tours.
»	Duplan.
Lieutenants :	Chevalier Dufour.
»	Chevalier de Manessy.
»	Chevalier de Ruphy
»	Martinal.
»	Truchet.
»	Veuillet.
»	Noble de Polinge.
»	Carron Joseph.
»	Carron Ier.
»	De l'Épignier d'Alby.
»	Chevalier de Sonnaz.
»	Noble de Fésigny.
»	Noble Palme.
Sous-lieutenants :	Macari.
»	Cherpin.
»	NN.

Cette liste fit l'objet d'une réclamation de la part de M. de Sonnaz, commandant des volontaires, Sa Majesté ayant promis de maintenir sur les cadres, les officiers qui avaient fait partie des volontaires savoyards et cette présente liste omettant plusieurs d'entre eux.

Mémoire adressé à **M.** le colonel de Cordon, colonel du régiment de Savoie à son arrivée à Turin vers la fin de juillet 1814.

Lorsqu'au mois de janvier, le général de Sonnaz fit un appel à ses compatriotes pour servir la cause du roi. Son projet était non seulement de lever un régiment mais de parvenir à faire reconnaître soit par ses concitoyens, soit par les puissances alliées, le gouvernement de Sa Majesté et de former un corps de troupes pour agir de concert avec les troupes alliées.

La mort a paralysé ces efforts sans elle la Savoie eut été très probablement rendue tout entière.

Tous les officiers pour un motif ou pour un autre n'ont pu se rendre à son appel. Le général ayant cependant besoin pour l'exécution de son plan d'un certain nombre d'officiers, crut devoir donner quelques commissions au nom du roi ad interim de capitaine à d'anciens officiers, choisissant les plus anciens et d'autres grades aux plus anciens volontaires. Tous ces officiers ont justifié son choix par leur zèle.

Le général rendit de ceci compte au roi par l'intermédiaire du comte de Villette.

Après la mort du général qui coïncida avec le retour offensif des Français à Chambéry le recrutement fut forcément interrompu et l'on dut se contenter d'un petit noyau de fidèles serviteurs, sous le nom de volontaires savoyards auxquels on assigna le Valais pour se constituer.

C'est sous ce titre qu'ils ont été exposés à toutes sortes de dangers, de dégoûts et de privations jusqu'au moment où les évènements de Paris et la suspension des hostilités vinrent leur donner quelques instants de tranquilité.

Sa Majesté en recevant le comte Joseph de Sonnaz à Gênes qui était chargé d'apporter à Sa Majesté l'expression des sentiments des militaires savoyards, du clergé et de la noblesse. Le roi daigna dire à cet officier des volontaires qu'il maintiendrait pour l'honneur de sa mémoire tout ce que ce général avait cru devoir faire dans l'intérêt du roi et de la patrie.

Le marquis de Saint-Marsan, président de la régence à Turin appela dans cette ville le 1er juin 1814 le corps des volontaires, le même jour, le colonel Hyppolite de Sonnaz, son chef, présenta le corps d'officiers à Sa Majesté qui approuva leur conduite et leur formation et leur dit que ces volontaires formeraient le noyau du régiment de Savoie et voulut bien autoriser les jeunes officiers à porter les épaulettes.

Dès lors, le corps fut inscrit sur les rôles de l'office de solde il a fait le service de la ville et a passé deux revues sur ce pied.

Mais, quelle n'a pas été la surprise de ces officiers destinés par Sa Majesté pour le régiment de Savoie, en ne trouvant pas leurs noms sur le tableau des officiers de ce régiment paru à l'officiel le 12 juillet. Les uns sont omis, les autres replacés dans leurs anciens grades.

Sur des réclamations adressées par M. le comte de Maréchal de Somont à M. le chevalier Mussa à cet égard, un nouveau tableau paru le 26 du même mois ne leur donnant pas encore satisfaction.

Le 6 août. Le comte de Cordon fit part aux officiers de la décision nouvelle qui leur était appliquée.

« C'est pourquoi Sa Majesté guidée par les principes d'équité et de justice et par égard à la mémoire de M. le comte de Sonnaz a adopté un tempérament qui concilie les intérêts de chacun et qui servira en même temps de témoignage de satisfaction aux officiers pour leur empressement qu'ils ont mis à servir sa cause.

Elle s'est en conséquence disposée à les agréger au régiment de Savoie dans les qualités désignées par les commissions de M. le comte de Sonnaz et à leur accorder le tiers de la paie correspondante à leurs grades jusqu'à ce qu'ils soient à portée de prendre place dans le corps à mesure des vacances qui se produiront et d'après l'ancienneté du grade antérieur à celui qu'ils ont aujourd'hui.

Rôle nominatif de **MM.** les gentilhommes et bourgeois qui se sont équipés à leurs frais pour entrer au corps des volontaires savoyards au service de **S. M.** et qui sont présents au corps

Noble Pierre-F^{ois} Roget de Cevius de Jussy-Pers,	24 janvier	Ces 4 volontaires ont présenté des mémoires particuliers au bureau de la guerre.
Noble Ignace de Sirace de Rumilly	1er avril	
Const.-Janus de Regard de Clermont de Vars de Chambéry	12 àvril	
Chevalier D'Orlier de Saint-Innocent	13 »	
Noble Claude-Marin Orsier de La-Roche	15 »	Ces 4 volontaires méritent les bontés de S. M. pour des places de sous-lieutenants.
Noble François Dusillon	15 »	
Noble Charles de Chasals de Disonche	14 mai	
Noble François Fontaine de Chambéry	Id.	
Noble Jean-Marie Arminjon d'Annecy	12 avril	Porté aux états du 14 mai par erreurs, rectifié à l'office de solde.
Noble Louis Marion d'Annecy	14 mai	
Noble Jean Costamagne de St-Jean-de-Maurienne	24 »	Ces 4 volontaires méritent les bontés de S. M. pour des places d'enseignes.
Noble Jean-Marie Baussant de La-Roche	5 avril	
Noble Joseph Veuillaud d'Annecy		
Noble Joseph Decousier d'Annecy	24 mars	

Turin, le . . . . . . 1814.

Rôle nominatif de **MM.** les officiers du corps des volontaires savoyards au service de S. M. le roi de Sardaigne qui ont suivi le corps en Valais, dressé d'après les états au moment du départ de Saint-Maurice pour se rendre à Chambéry le 31 mars 1814 et pour lesquels le colonel de Sonnaz réclame particulièrement les bontés de Sa Majesté :

NOMS DES OFFICIERS	Grade antérieur qu'ils occupaient	Commission ad intérim donnée par le général de Sonnaz
Le chevalier Hyppolite de Sonnaz.	Col. corn. des gardes du corps de S. M.	Chef de l'état-major.
Le chevalier de Ruphy.	Major de grenadiers.	
Le comte Gaspard de Maréchal.	Capitaine au régiment de Saluces.	
Le chevalier François de Ruphy.	Capitaine de grenad. au rég. de Savoie.	
M. Jaillet d'Annemasse.	Capitaine de chas. au rég. de Genevois.	
Le baron Louis de Villars de Thoire.	Capitaine au régiment de Savoie.	
Le comte Hyppol.te de Sonnaz.	Capitaine de cav. au serv. d'Autriche.	
M. Paul Seillard.	Capitaine au service britannique.	
Le baron Philibert de Thoire.	Lieutenant au rég. de Savoie.	Capitaine au rég. de Savoie.
Le chevalier hyacinthe de Constantin.	Lieutenant dém. au rég. de Maurienne.	Capitaine au rég. de Maurienne.
Le chevalier Gaspard de Ruphy.	Lieutenant au rég. de la reine.	Capitaine au rég. de Chablais.
Le chevalier Amédée de Ruphy.	Lieutenant au rég. de Savoie.	Capitaine au rég. de Savoie.
Le chevalier F.ois de Chissée de Polinge,	Sous-lieutenant au rég. de Maurienne.	Capitaine au rég. de Savoie.
Le comte Joseph de Sonnaz.	Sous-lieutenant au rég. de Savoie.	Capitaine aide de camp.
M. Hyac.nthe Frézier.	Sergent décoré de la médaille d'argent au régiment de Savoie.	Lieutenant au rég. de Savoie.
Le chevalier Gabriel de Launay.	Capitaine de la garde nat.le à Chambéry.	Aide de camp.
Le chevalier Alphonse de Sonnaz.	Volontaire au régiment de Chablais.	S.-lieutenant au rég. de Chablais.
Le comte Joseph de Forax.	Lieut. de la garde urbaine à Thonon.	S.-lieutenant au rég. de Chablais.
Le comte Joseph de Constantin.	Volontaire au rég. de Savoie.	S.-lieutenant au rég. de Savoie.
M. Félix Challud.	Volontaire au rég. de Chablais.	S.-lieutenant au rég. de Savoie.
Noble François de Saxel.	Volontaire »	S.-lieutenant au rég. de Savoie.
Chevalier Clément de Maugny.	Volontaire au régiment de Savoie.	S.-lieutenant au rég. de Savoie.
Noble Louis d'Araine.	»	S.-lieutenant au rég. de Savoie.
M. Urbain Rogès.	»	S.-lieutenant ru rég. de Savoie.
M. Villerme.	»	Sergent-major.

Groupes (accolades, colonne de gauche) :

- Ancien officiers qui ont servi avant la dissolution de l'armée sarde en 1800. *(de « Le chevalier Hyppolite de Sonnaz » à « M. Hyac.nthe Frézier »)*
- Volontaires qui ont répondu à l'appel du général de Sonnaz. *(de « Le chevalier Gabriel de Launay » à « M. Villerme »)*

Accolade (colonne du milieu, groupe inférieur) : Officiers pour lesquels le colonel de Sonnaz demande le grade de lieutenant.

Rôle nominatif du dépôt des volontaires savoyards au service de Sa Majesté le roi de Sardaigne.

Colonel :	Le chevalier de Sonnaz Hippolite.
Major :	Chevalier de Ruphy.
Capitaines :	Le chevalier François de Ruphy.
»	Monsieur Jaillet.
»	Le baron de Thoire de Villars.
»	Monsieur Seillard.
Lieutenant :	Le chevalier Amé de Ruphy.
Sous-aide-major :	Monsieur Rogès.
Sergent-major :	Monsieur Villerme.
Tambour maître :	Monsieur Vaudon.
Tambours :	Garnache,
»	Depraz.
»	Canavero.

Rôle des officiers de la garde urbaine de Thonon.

Le comte de Sonnaz, capitaine-commandant.
M. Claude F^{ois} Vignet, capitaine en second.
M. Jérôme Dubouloz, 1er lieutenant.
M. Guillaume Veuillez, 2me lieutenant.
M. Marie Delacroix, 1er sous-lieutenant.
M. Marie Bernaz, 2me sous-lieutenant.

Tous bourgeois de la ville de Thonon.

Ordre public

Pour Monsieur de Sonnaz (lieutenant), qui doit partir en fonctions par la poste pour Thonon, Genève et Savoie, partout il faut lui donner à jour ou nuit, les réquisitions nécessaires ou les chevaux de la poste.

Pitten, le 12 janvier 1814.

Le vrai colonel de Sa Majesté royale, du régiment de Gradisau et commandant des truppes en Wallis.

V. SUNBSIBER

PASSE-PORT

La description de la personne.   Pour M. le comte de Sonnaz.

L'âge
La religion
Stature   Caractère. Officier de Sardaigne.

Le visage
Les cheveux   Né
Les yeux   Est établi
La bouche   Demeurant
Le nez   Affaires ordinaires
Signes particuliers

                                  Affaires présent : il voyage
                                      par Berne pour Pitten.

Sa propre signature

    DE SONNAZ.

        Compagnons de voyage

    Le passeport vaut seulement pour l'aller.

On prie toutes les autorités militaires et civiles de le faire passer partout sans obstacle et de lui donner quand il faut l'assistance nécessaire.

Montbéliard, le 7 janvier 1814.

Maréchal des logis. Commandeur de l'ordre de Léopold, empereur d'Autriche.

LANGUNAUD

Passe-port

Monsieur Sonnaz, capitaine part d'ici par la poste pour Grenoble. On prie toutes les autorités militaires et civiles, de le faire passer sans obstacles, et de lui donner quand il faut l'assistance nécessaire.

Général Feld-maréchal de Sa Majesté royale,

LURIUM.

Chambéry, ce 29 avril 1814.

Passe-port

Monsieur le comte de Sonnaz, capitaine à K. part en fonctions par Montmeillan pour Turin en Piémont.

On prie toutes les autorités militaires et civiles de le faire passer sans obstacle et de lui donner quand il faut l'assistance nécessaire.

Grenoble, le 2 mai 1814.

La description de la personne . . . . .

La naissance . . . . .

L'âge . . . . .

Religion . . . . .

Position . . . . .

Caractère . . . . .

Est établi . . . . .

Ce passe-port vaut seulement pour l'aller.

Le vrai intendant de Sa Majesté impériale et royale, Chevalier du militaire Marie-Thérèse, Commandeur du Léopold, Chevalier de l'Ordre impérial russien-tuna première classe, Groskreutz de l'ordre prussien, l'Aigle roux et Feld-marécdal comte de

BUBNA.

(Traduit de l'allemand)

TABLE DES MATIÈRES

FIN

PIÈCES JUSTIFICATIVES

Genève. — Impr. H. Trembley.